A GUERRA QUE O MUNDO NÃO VIU

A GUERRA
QUE O
MUNDO
NÃO VIU

W. LENZ

A GUERRA QUE O MUNDO NÃO VIU

O DESAFIO ESTÁ LANÇADO. É VENCER OU VENCER!

Ágape

São Paulo, 2023

A guerra que o mundo não viu
Copyright © 2023 by W. Lenz
Copyright © 2023 by Novo Século Ltda.

EDITOR: Luiz Vasconcelos
COORDENAÇÃO EDITORIAL: Silvia Segóvia
PREPARAÇÃO: Deborah Stafussi
REVISÃO: Tássia Carvalho
DIAGRAMAÇÃO: Raphael Chiacchio | Abreu's System
CAPA: Ian Laurindo

Texto de acordo com as normas do Novo Acordo Ortográfico da Língua Portuguesa (1990), em vigor desde 1º de janeiro de 2009.

Dados Internacionais de Catalogação na Publicação (CIP)
Angélica Ilacqua CRB-8/7057

Lenz, W.
    A guerra que o mundo não viu : o desafio está lançado. É vencer ou vencer! / W. Lenz. – São Paulo, SP : Ágape, 2023.
    176 p.

    ISBN 978-65-5724-110-3

    1. Lenz, W – Biografia 2. Testemunhos (Cristianismo) I. Título

23-4149   CDD 922

Índice para catálogo sistemático:
1. Lenz, W – Biografia

Impressão: Searon Gráfica

ns
Uma marca do Grupo Novo Século

Alameda Araguaia, 2190 – Bloco A – 11º andar – Conjunto 1111
CEP 06455-000 – Alphaville Industrial, Barueri – SP – Brasil
Tel.: (11) 3699-7107 | E-mail: atendimento@gruponovoseculo.com.br
www.gruponovoseculo.com.br

Entrega o teu caminho ao Senhor; confia nele, e ele tudo o fará.

Salmos 37:5

DEDICATÓRIA

Talvez para mim esta seja a parte mais difícil do livro a ser escrita. Dedicar uma obra assim é uma forma de honrar aqueles que contribuíram positivamente para nossa vida e ministério.

Ao recorrer à lista de pessoas, deparei-me com um grande problema, pois seriam necessárias várias páginas desta obra para agradecer a todas. Portanto, decidi então honrar nestas páginas meu Deus, por ter confiado a mim um ministério tão excelente; meus pais, Jonatas e Tabea Lenz (*in memoriam*), aos quais o Senhor entregou a responsabilidade de me criar no temor de Cristo, e creio que cumpriram essa árdua tarefa com excelência. Por esse motivo, oro ao Senhor para que os recompense por tudo. E, finalmente, minha maravilhosa família, que tem me dado todo apoio para continuar com este importante trabalho para o Reino dos céus nesta Terra.

AGRADECIMENTOS

Quero expressar aqui meus sinceros agradecimentos a todas as pessoas que participaram direta ou indiretamente da construção desta obra, e àqueles que me prestigiaram em todo o tempo.

Maranata!

SUMÁRIO

APRESENTAÇÃO, 13

1. A GUERRA QUE O MUNDO NÃO VIU, 15

2. MINHA HISTÓRIA, 25

3. MINHA IDA PARA O MATO GROSSO DO SUL, 33

4. A VOLTA PARA A CASA DOS MEUS PAIS E UM ATAQUE QUASE MORTAL, 39

5. MINHA MUDANÇA PARA SÃO PAULO, 45

6. O PERIGO DAS FALSAS RELIGIÕES, 51

7. A MUDANÇA DE EMPREGO, 57

8. UMA EXPERIÊNCIA MARCANTE, 65

9. A VISÃO DO ARREBATAMENTO, 69

10. O DESCORTINAR DE UMA GUERRA ESPIRITUAL, 75

11. A ABERTURA DA IGREJA, 81

12. PODER SOBRE PRINCIPADOS E POTESTADES, 87

13. O DIABO VEIO VISITAR-ME, 99

14. TRÊS DIAS E DUAS NOITES NO MONTE, 107

15. A MUDANÇA DA IGREJA PARA OUTRO BAIRRO, 113

16. DEUS TEM PODER SOBRENATURAL, 119

17. ITENS FUNDAMENTAIS NO PROCESSO DE LIBERTAÇÃO, 129

18. O QUE É FÉ? COMO FUNCIONA? QUEM A POSSUI? POR QUE É MAIS FÁCIL SE ENVOLVER COM O MUNDO DO OCULTISMO? E POR QUE OS DEMÔNIOS SE MANIFESTAM?, 149

19. ERROS QUE SÃO FATAIS, 159

APRESENTAÇÃO

É com muita alegria e satisfação que apresento este trabalho que será de grande valia para sua edificação espiritual.

O livro *A guerra que o mundo não viu* é uma obra literária de fundamental importância, pois trata-se de uma mensagem de inspiração espiritual e de um testemunho verídico vivenciado por mim e testemunhado por várias pessoas. A maioria dos relatos aconteceu comigo num período em que o Senhor me preparava para o ministério que impactaria milhares de pessoas com milagres, curas e libertação. Após essas experiências, o mundo sobrenatural tornou-se real para mim, e então compreendi que nós vivemos numa grande arena, onde os ataques do nosso adversário estão sempre em iminência e podemos sofrer algumas derrotas, mas, se nós agirmos, poderemos ser verdadeiros heróis, tomando nossa posição como grandes guerreiros usando as armas espirituais que o Senhor nos deu.

Este livro também trará luz sobre assuntos obscuros, e será ainda uma aventura que o levará para dentro da minha história e da Palavra de Deus, transformando você em um verdadeiro guerreiro de oração. Você vencerá as batalhas que surgirão no seu dia a dia, e se colocará à disposição do Senhor para servir como bênção para milhares de outras pessoas.

1
A GUERRA QUE O MUNDO NÃO VIU

No demais, irmãos meus, fortalecei-vos no Senhor e na força do seu poder. Revesti-vos de toda a armadura de Deus, para que possais estar firmes contra as astutas ciladas do diabo; porque não temos que lutar contra a carne e o sangue, mas, sim, contra os principados, contra as potestades, contra os príncipes das trevas deste século, contra as hostes espirituais da maldade, nos lugares celestiais. Portanto, tomai toda a armadura de Deus, para que possais resistir no dia mau e, havendo feito tudo, ficar firmes. Estai, pois, firmes, tendo cingidos os vossos lombos com a verdade, e vestida a couraça da justiça, e calçados os pés na preparação do evangelho da paz; tomando sobretudo o escudo da fé, com o qual podereis apagar todos os dardos inflamados do maligno. Tomai também o capacete da salvação e a espada do Espírito, que é a palavra de Deus, orando em todo tempo com toda oração e súplica no Espírito e vigiando nisso com toda perseverança e súplica por todos os santos.

Efésios 6:10-18

Quero, por meio deste livro, contar a minha história e as experiências por mim vividas de uma forma simples e com uma linguagem compreensível.

Quero também abordar alguns assuntos que fizeram a diferença em minha vida quando foram compreendidos, à luz da Bíblia. As mensagens contidas neste livro são de inspiração espiritual, os acontecimentos verídicos foram por mim vivenciados, e a maioria deles testemunhada por mais de uma pessoa. Foram experiências que me levaram a um profundo relacionamento com Deus.

Você verá que nem sempre fui um vencedor, mas isso não fez de mim um completo perdedor; travei batalhas e conquistei muitas vitórias, mas isso provocou algumas marcas que demorarão anos até que sejam apagadas, e outras que levarei pelo resto da minha vida.

Pretendo que, com minha história, você possa entender melhor o que acontece no mundo espiritual, se revista das armas espirituais e seja vigilante. A Bíblia nos diz:

> *Porque, andando na carne, não militamos segundo a carne. Porque as armas da nossa milícia não são carnais, mas, sim, poderosas em Deus, para destruição das fortalezas; destruindo os conselhos e toda altivez que se levanta contra o conhecimento de Deus, e levando cativo todo entendimento à obediência de Cristo.*
>
> 2 Coríntios 10:3-5

Vivemos num mundo natural, que é influenciado por forças espirituais. No nosso dia a dia, podemos sentir essas forças nos influenciando e trazendo diversos acontecimentos desconhecidos e aparentemente sem solução.

Quando Deus criou o homem, deu a ele habilidades naturais com as quais poderia resolver problemas que acontecem no campo natural.

Muitas vezes nos deparamos com situações complicadas e as resolvemos com facilidade. Tempos depois, enfrentamos uma situação semelhante e percebemos que somos incapazes de resolvê-la.

Há uma história na Bíblia que eu aprecio muito, e que retrata bem essa situação.

> *E, naquele dia, sendo já tarde, disse-lhes: passemos para a outra margem. E eles, deixando a multidão, o levaram consigo, assim como estava, no barco; e havia também com ele outros barquinhos. Levantando-se grande temporal de vento, e subiam as ondas por cima do barco, de maneira que já se enchia de água. E ele estava na popa dormindo sobre uma almofada; despertaram-no, dizendo-lhe: Mestre, não te importa que pereçamos? E ele, despertando, repreendeu o vento e disse ao mar: cala-te, aquieta-te. E o vento se aquietou, e houve grande bonança.*
>
> Marcos 4:35-39

A Bíblia nos diz que alguns dos discípulos eram pescadores que tinham habilidades para manejar o barco, e com certeza já haviam enfrentado tempestades antes e, com a habilidade natural que eles possuíam, tinham saído de muitas situações complicadas. Mas, naquele dia, algo sobrenatural estava acontecendo:

> *E chegaram à outra margem do mar, à província dos gadarenos. E, saindo ele do barco, lhe saiu logo ao seu encontro, dos sepulcros, um homem com espírito imundo, o qual tinha sua morada nos sepulcros, e nem ainda com cadeias o podia alguém prender. Porque, tendo sido muitas vezes preso com grilhões e cadeias, as cadeias foram por ele feitas em pedaços, e os grilhões, em migalhas, e ninguém o podia amansar. E andava sempre, de dia e de noite, clamando pelos montes e pelos sepulcros e ferindo-se com pedras. E, quando viu Jesus ao longe, correu e adorou-o. E, clamando com grande voz, disse: Que tenho eu contigo, Jesus, filho do Deus altíssimo? Conjuro-te por Deus que não me atormentes. (Porque lhe dizia: Sai deste homem, espírito imundo.) E perguntou-lhe: Qual é o teu nome? E lhe respondeu, dizendo: Legião é o meu nome, porque somos muitos. E rogava-lhe muito que os não enviasse para fora daquela província. E andava ali pastando no monte uma grande manada de porcos. E todos aqueles demônios lhe rogavam, dizendo: Manda-nos para aqueles porcos, para que entremos neles. E Jesus logo lho permitiu. E, saindo aqueles espíritos imundos, entraram nos porcos; e a manada se precipitou por um despenhadeiro no mar (eram quase dois mil) e afogou-se no mar.*
>
> Marcos 5:1-13

Eles estavam atravessando o mar de Tiberíades em direção a um lugar chamado Gadara, onde o Senhor confrontaria uma legião de demônios que possuía o corpo de um homem que morava nos sepulcros. Levantou-se uma grande tempestade, e logo que os discípulos se sentiram incapazes de resolver aquele problema reconheceram que só mesmo um milagre poderia livrá-los. Muitas vezes ao longo de nossa vida, enfrentamos problemas que se originam no mundo espiritual, que são invisíveis aos olhos humanos, e por vezes nós ignoramos essas verdades e sofremos consequências que levamos anos para reparar, ou por vezes se tornam irreparáveis. A própria Palavra de Deus diz:

> No demais, irmãos meus, fortalecei-vos no Senhor e na força do seu poder. Revesti-vos de toda a armadura de Deus, para que possais estar firmes contra as astutas ciladas do diabo; porque não temos que lutar contra a carne e o sangue, mas, sim, contra os principados, contra as potestades, contra os príncipes das trevas deste século, contra as hostes espirituais da maldade, nos lugares celestiais.
>
> Efésios 6:10-12

A Palavra de Deus é bem clara em relação a essa presença espiritual constante em nossa vida quando diz:

> Sede sóbrios, vigiai, porque o diabo, vosso adversário, anda em derredor, bramando como leão, buscando a quem possa tragar.
>
> 1 Pedro 5:8

Mas também diz:

Porque aos seus anjos dará ordem a teu respeito, para te guardarem em todos os teus caminhos.

Salmo 91:11

E ainda diz:

O anjo do Senhor acampa-se ao redor dos que o temem, e os livra.

Salmo 34:7

É como se vivêssemos em uma arena, em constante batalha – de um lado está o anjo do Senhor esperando que nossa atitude seja coerente com a vontade de Deus, para que possa nos guardar em todos os nossos caminhos e, do outro lado, os principados e potestades das trevas nos espreitando a todo o momento, esperando que um deslize seja cometido da nossa parte para nos acusar e causar prejuízos e transtornos que causam tristezas, decepções, problemas e situações trágicas. E frente a essas situações por vezes tomamos decisões que podem determinar a nossa derrota ou podem ser decisivas para o início de grandes vitórias. Ou ainda, por outro lado, transformar-se em danos que levaremos anos para reparar.

Muitos de nós nasceram marcados para um ministério ou um trabalho específico no Reino de Deus, e isso pode fazer com que Satanás intensifique seus ataques. Talvez você seja uma dessas pessoas, e essa pode ser a causa de tantas lutas espirituais; no entanto, a sua atitude será determinante para a vitória.

Tenho um ministério de evangelismo e milagres, já levei milhares de almas aos pés do Senhor. Você verá que tive experiências profundas que me fizeram conhecer o mundo espiritual e contribuíram muito para a libertação de muitas pessoas por onde passei.

Eu nem imaginava que o Senhor estava me dando essas experiências para que eu tivesse suporte para enfrentar uma verdadeira guerra espiritual que ainda estaria por vir, que meu ministério levaria milhares de almas aos pés do meu amado Mestre, centenas de pessoas seriam libertas das garras de Satanás e milhares de milagres viriam a acontecer em meu ministério.

Há mais de 30 anos venho tendo experiências maravilhosas com Deus, mas desde a minha infância tenho experimentado conflitos espirituais. Travei grandes batalhas, passo a passo fui conquistando vitórias no mundo espiritual e isso me trouxe muita unção, sendo que hoje me sinto um cristão privilegiado.

Espero que a minha história de vida leve você a um novo patamar de relacionamento com o amado Mestre, e que, em sua caminhada, você não caia nas astutas ciladas do maligno. Minha oração é que você faça da sua vida espiritual uma vida de aventuras constantes e de muitas vitórias.

2
MINHA HISTÓRIA

Eu fui criado num pacato vilarejo de um dos municípios da região oeste do estado do Paraná. Meus pais eram agricultores, éramos uma família feliz. Meu pai e minha mãe frequentavam uma congregação local, a Igreja Batista, da qual também meus avôs paternos e maternos eram membros. Frequentávamos regularmente os cultos e, apesar de meus quatro anos de idade, lembro-me muito bem de que meu pai muitas vezes dirigia o culto e eu me desprendia dos braços de minha mãe e corria até o púlpito. Meus pais cultivavam o hábito de realizar cultos familiares todas as manhãs. Meu pai lia a Bíblia e uma mensagem bíblica, depois todos nós nos ajoelhávamos e cada um fazia uma oração.

Hoje vejo a importância que isso teve em minha vida, pois, apesar das turbulências que aconteceram comigo, jamais me afastei dos princípios que aprendi quando ainda era criança.

> *Eis que os filhos são herança do Senhor, e o fruto do ventre, o seu galardão. Como flechas na mão do valente, assim são os filhos da mocidade. Bem-aventurado o homem que enche deles a sua aljava; não serão confundidos, quando falarem com seus inimigos à porta.*
>
> Salmo 127:3-5

Há pelo menos três lições importantes neste texto: a primeira é que os filhos são herança do Senhor e devem ser vistos e tratados como tal; em segundo lugar, o texto nos mostra que eles são flechas, e como flechas devem ser preparados e direcionados para um alvo.

A maioria dos pais deixa os filhos fazerem suas escolhas sem interferir nelas e, quando menos esperam, os filhos já tomaram decisões erradas. Pais devem ser como valentes incansáveis direcionando as suas flechas para o alvo, ou seja, o que eles desejam que seus filhos sejam no futuro.

> *Instrui o menino no caminho em que deve andar, e, até quando envelhecer, não se desviará dele.*
>
> Provérbios 22:6

Em terceiro lugar, o homem que direciona bem as suas flechas não será envergonhado quando seus inimigos vierem à porta. Em momentos de dificuldades, doenças, adversidades ou velhice, seus filhos serão seu amparo.

Minhas irmãs e eu participávamos ativamente da escola dominical, nossos pais nos levavam aos domingos. Até então eu era uma criança comum, tinha um amigo, nós éramos inseparáveis, brincávamos juntos quase o dia todo. Enfim, lembro-me de muitos momentos felizes em minha vida. Mas tudo mudou com o passar do tempo; mesmo sendo ainda criança, algo de muito estranho já ocorria comigo, e alguns desses acontecimentos guardei comigo durante esse tempo todo e estou revelando agora neste livro. Um deles, lembro-me muito bem, aconteceu quando estávamos voltando para casa depois de um culto. O caminho era bem escuro, passávamos perto de uma mata bem fechada. Como naquela noite eu estava com muito medo, meu pai me levou no colo até chegarmos em casa. Sempre passávamos por aquele local, mas aquilo nunca havia acontecido antes: eu via nitidamente um pequeno homem estranho que nos acompanhava, ele rastejava nas encostas do matagal, muitas vezes tentava passar na frente do meu pai, tentando agarrar as pernas dele.

Chegando em casa, não contei a ninguém o que havia ocorrido, mas lembro-me muito bem de que fiquei muito amedrontado. A partir de então, tive alguns sonhos perturbadores, coisas que eu mal conseguia entender, pois era ainda muito pequeno.

Lembro-me também de que a minha irmã mais velha às vezes se levantava de madrugada e saía andando pela casa; hoje eu entendo que ela era sonâmbula. Numa certa noite, algo muito estranho aconteceu. Alguém entrou no meu quarto, vestindo uma capa preta com um chapéu na cabeça, ele ria muito, fiquei muito assustado. Não lembro exatamente o que ele me dizia, era alguma coisa em relação à minha mãe. Sei que após esse acontecimento ela teve sérios problemas em uma de suas pernas, era algo como uma chaga maligna que saiu em seu pé. Ela sofreu muito com aquela ferida, que veio sarar muito tempo depois, e carrega a cicatriz até hoje.

Lembro-me de que aquele homem ficou no quarto por horas, andava pelas paredes e pelo teto como se estivesse andando pelo chão, e eu não conseguia chamar ninguém. Porém em um dado momento consegui chamar meus pais. Logo eles me levaram para dormir na cama deles, e ali fiquei dormindo por vários dias.

Ao contar essa história para eles, meu pai tentou me convencer de que era um anjo que Deus tinha enviado, mas eu sabia que se tratava de um ser das trevas e naquele momento senti que a minha vida havia começado a mudar.

Dias depois, eu estava brincando debaixo de uma árvore quando algo me chamou a atenção: uma carruagem andava sobre as nuvens e, nela, estavam dois homens que resplandeciam. Comecei a indagar sobre como aqueles homens conseguiram subir com aquela carruagem esquisita lá em cima. Imaginava que no horizonte a Terra terminava, e que eles conseguiram subir por lá. Fui correndo perguntar para minha mãe como aqueles homens haviam subido. Quando ela chegou ao local para averiguar, aqueles personagens não mais estavam por lá. Ignorei a situação, porém em seguida pude observar que eles se encontravam lá novamente.

Moramos naquele mesmo lugar por mais uns dois anos, e depois mudamos do pequeno vilarejo para uma cidade um pouco maior. Lembro-me muito bem do dia em que mudamos. Meu amigo não queria sair da casa dele para não nos ver indo embora, e, quando o caminhão da mudança saiu, ele correu atrás pedindo que eu não fosse.

Passaram-se alguns anos e naquela nova cidade fiz novas amizades, conheci logo um parente de meu pai, fizemos uma forte amizade e somos amigos até hoje. Ele também é pastor assim como eu. Na minha adolescência, meu amigo Werner e eu sempre andávamos juntos, estudávamos na mesma escola, na mesma classe, sempre sabia que havia algo diferente em nossas vidas.

Não foram poucas as vezes em que nós nos retiramos para falar de Deus. Nos convertemos na mesma igreja e no mesmo dia, mas com o passar do tempo começamos a servir a Deus em ministérios diferentes, porém o forte vínculo de amizade nunca se desfez.

Na minha juventude, sempre tive uma forte vontade de servir ao Senhor; a minha sede pela Palavra de Deus parecia ser insaciável, meus momentos de intimidade com Ele eram muitos e sempre havia uma força que tentava me arrastar para longe da vontade de Deus.

3

MINHA IDA PARA O MATO GROSSO DO SUL

Na minha infância, já quase na adolescência, fui trabalhar no estado do Mato Grosso do Sul. No começo tudo era um sonho, saí da minha casa para viver em um lugar novo, fiquei na casa de uma das minhas irmãs, e iria trabalhar com um cunhado meu na época (*in memoriam*). Comecei a trabalhar e logo percebi que o trabalho era muito pesado para minha idade. Passei a sofrer muito nas mãos daquele homem, trabalhos forçados sem nenhuma recompensa. Tentei contar para alguém o que estava acontecendo comigo, mas eu temia, pois sabia que minha irmã também sofria por causa disso e não podia fazer nada. Ali permaneci por meses frequentando a igreja aos domingos.

Conheci um simpático missionário que tinha um chamado maravilhoso, era um verdadeiro homem de Deus. Destemido, ele saía aos domingos à tarde para evangelizar. Fui convidado por ele para acompanhá-lo e aceitei. Passávamos tardes inteiras aos domingos evangelizando na pequena cidade de Deodápolis, no Mato Grosso do Sul.

Havia uma praça bem central, e ali as pessoas se reuniam em volta de uma televisão. Era nesses momentos que o missionário Getúlio aproveitava para pregar, e dezenas de pessoas aceitavam a Jesus como seu único e suficiente salvador.

Ali acendia uma chama em meu coração. Lembro-me até hoje do dia em que ele pregou uma mensagem sobre Zaqueu; é como se aquelas palavras ainda ressoassem em meus ouvidos. No apelo daquela mensagem, muitos se entregaram a Cristo.

Nós tínhamos vários momentos agradáveis de oração junto a outros jovens da igreja e isso fazia com que o meu sofrimento fosse um pouco aliviado, mas naquela época eu conheci bem de perto a fúria do inimigo. Eu trabalhava em uma das fazendas, e muitas vezes ficava sozinho por vários dias seguidos. Lembro-me de que certo dia eu estava sentado debaixo da cabana que havíamos construído, onde dormíamos e fazíamos as nossas refeições. Naquele dia eu estava sozinho, os tratores estavam estacionados a uns cinquenta metros de distância, quando um deles, por si só, deu partida e veio em minha direção. Quando se aproximou do local onde eu estava, desviou-se e foi parar dentro de um riacho próximo à cabana. Contei a história ao meu cunhado na época, mas ele não acreditou, e questionou como poderia uma máquina daquele tamanho se deslocar num lugar plano por si só e tomar uma direção daquelas.

Em outra ocasião, eu estava trabalhando e uma enorme serpente apareceu no local. Quando fui procurar por socorro, um vizinho foi com uma espingarda matar a víbora, mas ela não estava mais lá, e ele então se retirou do local. Novamente me deparei com o réptil, e isso se repetiu por três ou mais vezes: sempre que o homem ia me socorrer, a serpente desaparecia. Revoltado com a situação e com vergonha de chamar o homem novamente, resolvi dar fim na serpente, e foi o que fiz.

Passaram-se semanas e meses, quando então notei que alguma coisa estava errada comigo. Percebi que eu estava muito doente e com a alimentação precária, com uma desidratação profunda. Tomei então a decisão de voltar para a casa dos meus pais no estado do Paraná.

4

A VOLTA PARA A CASA DOS MEUS PAIS E UM ATAQUE QUASE MORTAL

Levaram-me de volta para a casa dos meus pais no Paraná e já na semana seguinte comecei a passar muito mal. Meus pais então me levaram ao médico, pois meu estado de saúde começou a piorar. Chegando lá, fui examinado e logo o médico deu o diagnóstico, uma severa desidratação. Fui internado, mas o meu estado de saúde começou a piorar ainda mais a ponto de certo dia eu pensar que seria o meu fim.

Eu não compreendi por que na época, eu estando com desidratação, o médico havia proibido as enfermeiras de me oferecerem qualquer tipo de líquido para beber. Comecei a piorar, e a cada momento sentia meu corpo ardendo em febre, a boca seca, a sede aumentando. Houve um momento em que me despedi da vida, pois pensei ser aquele meu fim. Eu não conseguia mais enxergar por estar muito debilitado.

Certo dia, alguém entrou em meu quarto com uma Bíblia nas mãos, se dirigiu até mim e perguntou: "Você quer uma oração?". Sem pensar duas vezes, eu disse: "Quero!". Ele orou por mim, e senti uma grande paz interior. Logo fiquei sabendo que era um jovem pastor da Igreja Batista daquela cidade.

Logo depois entrou no quarto outro senhor, a quem reconheci, era o vice-prefeito da minha cidade. Ele olhou para mim e perguntou: "Você quer alguma coisa?". Eu disse: "Sim, por favor, me arrume um pouco de água". Ele saiu por um instante e logo voltou com a água, bebi, e ele perguntou outra vez: "Você quer mais alguma coisa?". Eu disse: "Sim, mais um pouco de água", e isso se repetiu por três vezes. Não repeti a quarta vez com medo de ele desconfiar que havia algo errado.

Ao longo do tempo percebi que estava me restabelecendo, e dois dias depois já estava em minha casa. Arrumei um emprego, comecei a congregar na igreja onde meus pais eram membros e aos quinze anos me batizei.

Nessa época conheci um missionário que veio da Alemanha para o Brasil, realizamos vários trabalhos evangelísticos juntos, ajudei o pastor da minha igreja a realizar um trabalho com jovens, comecei com muito entusiasmo, mas foi aí que iniciaram novamente os ataques do inimigo. O trabalho começou a dar frutos, crescia a cada culto, assim como as adversidades.

Lembro-me de que muitas vezes me retirava para um pequeno matagal que havia nas proximidades e ali eu orava ao Senhor, mas alguns acontecimentos me afastaram daquele trabalho, caí em um profundo desânimo. Por falta de orientação, deixei o serviço à igreja de lado, e aos poucos também a congregação.

Casei-me muito cedo, aos dezenove anos de idade. Eu estava totalmente afastado da igreja, mas o temor do Senhor estava em meu coração, sempre soube que havia algo que o Senhor queria realizar em minha vida. Comecei a trabalhar por conta própria, e lembro-me muito bem de que muitas vezes eu passava em frente à igreja onde eu havia congregado, olhava para ela, e sentia um imenso desejo de estar lá, mas tinha uma vergonha dentro de mim por tê-la deixado, não tinha mais força para voltar, mas o Espírito Santo nunca desistiu de mim.

Mesmo estando fora da igreja, muitas vezes eu me retirava para orar, sentia que algo me impulsionava. Lembro-me das vezes que passava em frente a alguma igreja e não conseguia conter o choro de saudades por estar longe da casa de Deus.

5
MINHA MUDANÇA PARA SÃO PAULO

Minha irmã mais velha morava na capital de São Paulo e certa vez foi me visitar no estado do Paraná, quando me fez um convite para ir morar com ela.

Na época eu estava apenas com vinte anos e já tinha uma filha, que se chama Michele. Comecei a trabalhar em um desmanche de automóveis, e, mesmo morando com minha irmã, passamos muitas dificuldades. Eu era uma pessoa do interior sem experiência de vida, não estudei mais do que a quarta série do primário, e, muitas dificuldades surgiram. Algum tempo depois, mudei-me da casa da minha irmã, que sempre nos ajudava muito, e fui morar em uma casa emprestada. Ainda sentia muita falta de ir à igreja. Eu era bem tradicional na época, às vezes passava em frente de igrejas pentecostais e me questionava por que orar alto daquele jeito, Deus não é surdo! Mas nem imaginava o que estava por vir.

Quando tinha dezesseis anos, fui diagnosticado com um problema cardíaco, que se agravava a cada ano. Certo dia, enquanto trabalhava, percebi que algo estava muito errado comigo, meu coração começou a palpitar, me senti muito mal, fui para a minha casa e comecei a pensar para onde eu iria se morresse naquele momento. Tomei então uma decisão, fui procurar alguém que me orientasse para que eu pudesse voltar para a igreja.

Falei sobre o assunto com um vizinho meu, e ele me disse que, se eu quisesse, ele iria uma vez por semana em minha casa para estudarmos juntos a Bíblia, o que de pronto aceitei. Ele compareceu no dia marcado, me levou um livro vermelho e me disse que antes da Bíblia estudaríamos aquele livro, e foi o que fiz. Questionei alguns assuntos que pareciam não ter coerência com a Bíblia, indaguei o homem e a resposta que ele me deu foi que eu deveria esquecer a Bíblia e me dedicar apenas aos estudos daquele livro que falava sobre as coisas de Deus.

Certo dia, fomos à igreja daquele homem, e algumas semanas depois ele me levou para um congresso de sua denominação. Lá achei todo mundo muito interessante, mas quando voltamos para casa questionei aquele senhor novamente sobre algumas coisas que eu havia ouvido naquele congresso. E ele então me disse que, caso eu não deixasse aqueles questionamentos de lado, seria impossível continuarmos os estudos. Tratava-se de um membro dos Testemunhas de Jeová.

Sempre tive alguns questionamentos, mesmo quando ainda era membro da minha igreja no Paraná. O que foi feito dos milagres que Jesus prometeu que nós faríamos? O batismo com o Espírito Santo e os dons espirituais? Desisti daquele estudo. Como eu não tinha muitos conhecidos em São Paulo, e as amizades que consegui fazer não eram de cristãos, acabei recebendo alguns convites novamente, mas não aceitei, pois havia me decepcionado da primeira vez e não queria cair novamente em uma cilada do inimigo.

6

O PERIGO DAS FALSAS RELIGIÕES

Certa vez, me encontrei com alguém conhecido e começamos a conversar. Falamos de vários assuntos, e em dado momento ele perguntou-me de certa pessoa, me passou algumas informações e notei que elas davam conta de que se tratava de uma pessoa que eu conhecia.

Conversamos mais um pouco sobre essa pessoa, e o que falamos me fez pensar que era realmente alguém que eu conhecia; em dado momento, porém, me dei conta de que nós não estávamos falando da mesma pessoa. Embora houvesse algumas coisas em comum entre ambas, na realidade eram pessoas bem distintas. O mesmo ocorre com afirmações que as pessoas fazem, falando de um deus que parece ser o Deus da Bíblia, de um Jesus que parece ser o Jesus da Bíblia, mas nem sempre é. Aquele homem mencionado no capítulo anterior me falou de Deus e de Jesus, e era isso que eu estava procurando, no entanto, após alguns meses de estudo comecei a perceber que o Jesus de quem ele falava não era o Jesus da Bíblia, o Deus do qual ele falava não era o Deus da Bíblia. Quando comecei a questioná-lo sobre o Jesus da Bíblia, percebi que na verdade aquele homem não o conhecia, ele havia criado um deus imaginário e isso também é chamado de idolatria.

Qual seria então a diferença entre uma religião verdadeira e uma falsa? A verdadeira religião é aquela que tem os seus princípios morais e espirituais fundamentados na Palavra de Deus. Ela tem a Bíblia como regra de fé e prática absoluta, suas doutrinas são baseadas e fundamentadas nela. Tudo o que a Bíblia diz tem um fundamento e uma ordem lógica, ela foi escrita por quarenta pessoas diferentes ao longo de mil e seiscentos anos. São sessenta e seis livros escritos de forma fragmentada, mas possui uma unidade do início ao fim, pois são quarenta escritores e apenas um autor, o Espírito Santo de Deus. A Bíblia não se contradiz em toda a sua extensão.

Certa vez, um mecânico foi chamado para consertar um telescópio em uma estação de pesquisas espaciais e na hora do almoço o chefe o encontrou lendo a Bíblia, e então perguntou:

– O que você espera encontrar de bom neste livro? Você nem sabe por quem ele foi escrito.

O mecânico fez silêncio. Alguns instantes depois, ele olhou para o chefe e disse:

– Você não usa a tabuada com segurança?

O chefe respondeu "sim!", e ele disse:
– Você também não sabe quem inventou a tabuada!
E o chefe replicou:
– Eu a uso porque ela funciona!
Então o mecânico, sorrindo, respondeu:
– E eu também uso a Bíblia porque ela funciona.

A verdadeira religião tem suas afirmações e crenças fundamentadas na Bíblia. Toda doutrina ou ensinamento deve ter argumentação bíblica e um desfecho lógico. O argumento não tem de estar necessariamente na Bíblia, mas os fundamentos são bíblicos. A falsa religião é aquela que se baseia em falsas teorias e ensinamentos de homens e não tem fundamentação bíblica. Muitas tiveram de criar outro evangelho segundo os próprios ensinamentos, pois suas doutrinas não têm lógica bíblica. O que a Bíblia diz a respeito:

> *Maravilho-me de que tão depressa passásseis daquele que vos chamou à graça de Cristo para outro evangelho, o qual não é outro, mas há alguns que vos inquietam e querem transtornar o evangelho de Cristo. Mas, ainda que nós mesmos ou um anjo do céu vos anuncie outro evangelho além do que já vos tenho anunciado, seja anátema.*
>
> Gálatas 1:6-7

Nós nos deparamos muitas vezes com pessoas que se declaram cristãs. Sua crença está baseada em filosofias vãs, e doutrinas que não têm nada a ver com a Bíblia. A palavra **cristão** quer dizer seguidor de Cristo.

Não podemos considerar cristão alguém que simplesmente declara acreditar em Jesus. Nós ouvimos muitas declarações como esta: "não importa a religião, Deus é o mesmo", e muitas vezes concordamos com ela, mas esta pode ser uma boa hora de mostrarmos as verdades bíblicas e partirmos para o evangelismo, dizendo: "eu não sei se o seu Deus é o mesmo, pois o meu Deus é o Deus da Bíblia, Ele não concorda com idolatria, prostituição, feitiçaria, ladrões e efeminados". Enfim, nós devemos deixar bem claro que não os discriminamos, mas não concordamos com suas doutrinas e condutas porque o nosso Deus é o Deus da Bíblia.

O perigo das falsas religiões não está nas falsas declarações, mas nas verdades nelas contidas, já que usam a verdade apenas como uma isca, um atrativo, pois todo homem está em busca da verdade. Por que então usam a Bíblia? Porque a Palavra de Deus causa impacto. Não é raro ver políticos mencionando a Bíblia em seus discursos, pois sabem que podem impressionar os seus eleitores, mas o fato de mencionarem textos bíblicos não quer dizer que são cristãos ou que creem na Palavra de Deus ou até mesmo que sejam dignos de confiança. Foi Jesus mesmo que disse:

E conhecereis a verdade, e a verdade vos libertará.

João 8:32

7
A MUDANÇA DE EMPREGO

Por volta de 1986, comecei a trabalhar em uma marcenaria na cidade de Guarulhos, em São Paulo. Começava ali uma nova etapa em minha vida; algum tempo depois, comecei a trabalhar com meu cunhado, e mais tarde me tornei sócio de uma marcenaria com um tenente da polícia militar. Ali comecei a enfrentar novas investidas de Satanás, de uma maneira que quase me levou à destruição.

Meu sócio, certo dia, cancelou a sociedade, levou a maioria das máquinas e deixou-me com uma dívida que na época eu não podia pagar.

Satanás inflamou meu coração com mágoas e pensamentos que me levariam a atitudes que poderiam ser irreparáveis; no entanto, Deus estava providenciando um escape daquela situação.

Lembro-me muito bem daquele dia. Eu estava desesperado, endividado, e ali mesmo levantei minhas mãos aos céus e disse: "Por que o Senhor permitiu que eu chegasse nesta situação?". E ali mesmo o Senhor falou comigo: "Lembra das vezes em que você passou em frente àquela igreja, e sentiu vontade de voltar? Ali eu queria te livrar de tudo isso, mas você decidiu seguir seu próprio caminho".

Poucos instantes depois, entrou naquele local um dos meus credores, ao qual eu devia uma enorme quantia, era um dos meus fornecedores. Logo ele percebeu que havia algo errado, perguntou o que estava acontecendo e resolvi contar a ele o que havia acontecido comigo. Depois disso, ele ligou para um dos sócios dele.

Juntos, me convidaram para uma reunião no outro dia e fizeram-me uma proposta. Eles me disseram que pagariam toda a minha dívida com os outros credores e em troca eu prestaria serviço para eles até que toda a dívida fosse quitada. Então eu aceitei a proposta, pois foi para mim o escape que o Senhor me dera; por um momento pensei que nunca conseguiria pagar aquela dívida.

Na véspera do Natal do ano seguinte, eles me chamaram, deram-me uma quantia em dinheiro e falaram que eu não devia mais nada a eles. Perguntei se estavam perdoando a dívida, e eles disseram que não, que o trabalho que eu prestara já havia sido suficiente para saldar toda a minha dívida. Ali estava a mão forte do Senhor, guerreando por mim.

Um ano depois fui trabalhar em outra empresa, onde encontrei outro homem, e percebi logo que se tratava de um homem realmente temente a Deus; conheci sua família e ali criamos um forte vínculo de amizade. Hoje ele também é pastor. Trabalhamos juntos por algum tempo, começamos a frequentar alguns cultos e percebi que finalmente tinha encontrado o que tanto procurava: pessoas que realmente acreditavam num Deus que tem poder sobrenatural.

As minhas experiências na infância causaram grandes impactos na minha vida e fizeram-me entender que o mundo sobrenatural era real, apesar de a maioria dos cristãos crer nele e viver como se ele não existisse. Sofremos influências reais dele todos os dias, mas vivemos como se ele não fosse real.

Logo, o irmão Moacir (esse era o seu nome) me apresentou a outros irmãos, com os quais também criamos um forte vínculo de amizade. Começamos a organizar reuniões e orávamos juntos constantemente; foi ali que começou a se descortinar em minha vida um novo tempo. Eu sequer imaginava o que ainda estava por vir. Em pouco tempo, o irmão Moacir e eu montamos o nosso próprio negócio, e aqueles irmãos com os quais tínhamos feito amizade vieram trabalhar conosco, pois também tinham a mesma profissão. Ali Deus colocou em meu caminho pessoas que acreditavam nEle de uma forma real, e que também passaram por experiências reais, e isso só me fez querer a cada dia estar mais perto do Senhor.

Naquela época eu ainda enfrentava problemas de saúde e tinha frequentes arritmias e palpitações. Conheci então um pastor que viera de Belo Horizonte para abrir um novo trabalho em São Paulo. Era um homem de Deus e influenciou muito minha vida espiritual, o pastor Walter de Oliveira.

Certo dia, fiquei muito mal com problemas de saúde e o pastor Walter citou para mim o seguinte trecho:

> *Verdadeiramente, ele tomou sobre si as nossas enfermidades e as nossas dores levou sobre si.*
>
> Isaías 53:4a

E em seguida orou por mim, para que o Senhor me curasse. Na época eu tomava um medicamento chamado Dilacoron. No dia seguinte da oração, fui tomar novamente o comprimido, mas senti uma reação estranha, fui ao médico, e ali foi constatado que eu não tinha mais absolutamente nada, estava livre do problema cardíaco.

Passada uma semana eu acordei, e ali estava eu sufocado, sentindo os mesmos sintomas da enfermidade. Procurei, então, o pastor e disse a ele que eu não estava curado, e ele disse que eu deveria fazer uma escolha. Acreditar na Palavra que garante que Jesus já levou as minhas enfermidades ou no sintoma mentiroso que o diabo estava tentando produzir em mim. Eu disse a ele que ficaria com a Palavra. Passaram-se 20 anos e nunca mais tive nada.

Tive experiências maravilhosas, crescia a cada dia o desejo de fazer a obra de Deus, mas, apesar da chama acesa em meu coração, eu me deparava com dois problemas. Primeiro que eu era muito tímido e segundo que eu tinha dificuldades de me expressar com segurança na língua portuguesa. Sou de uma família descendente de alemães, aprendi a falar o português aos oito anos de idade, e tinha apenas mal cursado até a quarta série do primário.

Começamos então a realizar alguns cultos, e lembro-me de um dia em que eu e o pastor Moacir fomos a uma pequena congregação na capital de São Paulo para assistir a um culto. Lá, deram-me uma oportunidade, mas não consegui falar uma só palavra, fiquei muito frustrado e envergonhado e o meu imenso desejo de ser um pregador ficou ali mesmo. Fui embora envergonhado, cheguei em casa e pensei que eu estava apenas empolgado com tudo, mas que na verdade eu não teria um chamado ministerial. No entanto, a cada dia o Senhor me fortalecia, e com a ajuda do meu amigo recobrava meu ânimo para seguir em frente, quando decidi então buscar uma experiência real com Deus.

Aprendi o segredo da consagração: jejuava e passava horas em oração e meditação da Palavra. Aprendi também o segredo da verdadeira comunhão com o criador, Sua presença era real em minha vida, e uma alegria inexplicável tomou conta do meu coração, era algo que eu nunca tinha sentido antes.

8
UMA EXPERIÊNCIA MARCANTE

Fomos convidados para realizar um culto em uma casa de família num dos bairros perto de onde morávamos. O irmão Moacir era uma pessoa muito inspiradora, sempre acompanhado de seu violão.

O Senhor havia reservado aquela noite para me mostrar que Ele não chama os capacitados, mas capacita os chamados, e que ele era o dono de todas as situações. Começamos o culto com orações, cantamos vários corinhos, e em um dado momento, o irmão parou e disse para todos dobrarem os joelhos para uma oração. Eu, como era tímido, procurei um lugar um pouco mais escondido, atrás do sofá. Durante a oração, eu senti a presença de alguém bem do meu lado, imaginei que era alguém que teria se aproximado para orar comigo, mas comecci a sentir um calor intenso, e resolvi então abrir meus olhos. O que eu vi naquela hora me deixou estarrecido, trêmulo e sem voz. Queria dar um grito, mas eu não podia, estava bem ali na minha frente um anjo do Senhor. Era tão real, olhava para mim com um olhar fixo e, em seguida, abaixou-se lentamente.

À sua frente havia algo como uma pequena poça de água e, com uma de suas mãos, sem tirar o olhar de mim, abaixou-se e moveu aquelas águas, e desapareceu; comecei a chorar muito. Ali mesmo, o Senhor falou comigo que moveria as águas naquela noite. Subitamente a oração foi interrompida, e o irmão Moacir falou: "Hoje vamos ouvir uma palavra com o irmão Valdir", era como se ele tivesse se esquecido da última experiência que tive naquela igrejinha. Coloquei-me em pé, à frente de todos, e comecei a falar do amor de Deus. O Senhor moveu aquele lugar naquela noite, e foi para mim uma experiência extraordinária. Logo recobrei meu ânimo novamente, e tive a certeza de que o Senhor havia me chamado para seu glorioso trabalho.

9
A VISÃO DO ARREBATAMENTO

Certa noite fui levado em espírito para um lugar, e ali o Senhor me deu uma visão. Essa visão foi tão real que no momento eu pensei que aquilo tudo estava realmente acontecendo. Vi o céu se abrir e a Terra sendo inundada por uma multidão inumerável de anjos. Vi o Senhor em pé, e percebi então que se tratava de uma cena relacionada ao arrebatamento da Igreja. Ali mesmo caí de joelhos e comecei a glorificar ao Senhor, que viera me buscar, mas por um momento algo me chamou a atenção. Olhei para os lados e vi uma multidão estarrecida, que chorava, gritava e alguns urravam como animais, dizendo que era tarde demais, e que eles estavam destinados ao fogo do inferno. Naquele momento, a minha alegria se transformou em um profundo sentimento de dor por aquelas pessoas. Comecei a lamentar e dizer que podia ter feito mais, que aquelas pessoas poderiam também estar salvas se eu tivesse me dedicado antes à obra do Senhor.

Fui interrompido por um anjo que veio por trás de mim, tocou-me nos ombros e disse: "Ainda há tempo". O Senhor só mostrou em visão o que acontecerá com aqueles que rejeitarem a Sua Palavra. Isso aconteceu em uma madrugada e, no dia seguinte, quando saí de casa, olhava para cada pessoa que encontrava na rua e pensava que, se aquela pessoa não fosse salva, ela iria para o inferno, e que eu não podia ficar parado vendo aquilo acontecer diante dos meus olhos. Perdi então a timidez, comecei a falar ousadamente sobre o plano de salvação a todos os meus amigos e a pessoas que eu conhecia.

Algum tempo depois, passei por mais uma experiência profunda com o Senhor. Em uma madrugada, já eram aproximadamente três horas da manhã, subitamente vi uma luz que entrara em meu quarto, e em instantes me vi em pé sem saber como aquilo havia acontecido. Olhei e vi meu corpo deitado na cama e meus filhos, e logo pensei que devia ter morrido e que no outro dia haveria um desespero dentro da minha casa. Em alguns instantes, o teto da minha casa se abriu e um imenso túnel se abriu.

Apareceu um anjo e com ele fui sugado para cima. Ele me conduziu por um caminho tenebroso, e durante o percurso podia ouvir a voz de pessoas que gritavam. O anjo me advertiu que não olhasse para baixo e seguimos em frente até um lugar cuja beleza era inexplicável. Andei por um longo tempo, vi coisas que não há palavras para traduzir e tudo simplesmente era lindo. As ruas eram de ouro puro, lembro-me de que eu via enormes plantações de uva, lembro ainda da forma que o anjo conversava, ele era de poucas palavras, mas cada palavra que pronunciava parecia se transformar em longas frases que diziam muitas coisas. Pensei então que falar em línguas deve ser assim, ainda que as palavras pareçam ser repetidas, no mundo espiritual elas significam muitas coisas.

Chegamos então a um lugar onde havia um portal, era algo deslumbrante, a beleza daquele lugar era inexplicável e, ainda que eu quisesse reproduzir em palavras, não conseguiria. Foi uma experiência pessoal intransferível. Do outro lado daquele portal eu ouvia vozes como de uma grande multidão que louvava e glorificava a Deus. A voz das multidões se misturava com um som que parecia ser de cachoeiras, e sem dúvida foi algo inexplicável.

Perguntei para aquele anjo por que não me levara além daquele portal, e o anjo respondeu que me era permitido ir somente até aquele ponto, pois era necessário que eu voltasse. Voltamos então pelo mesmo caminho de antes, o anjo me acompanhou até a minha casa e, quando ali chegamos, eu via meu corpo como se estivesse envolvido com um bicho, porém o anjo adiantou-se, tocou em meu corpo, e logo voltei.

Ao me dar conta de que estava de volta, percebi que estava tremendo tão fortemente quanto alguém em convulsão. Na época, meus pais moravam ao lado de minha casa, então chamaram meus pais e meu amigo, o irmão Moacir. Eu mal conseguia explicar, queriam chamar uma ambulância e com muita dificuldade consegui contar a eles o que havia acontecido. Fiquei três dias confinado a uma cama, pois não tinha forças para me levantar.

Depois desses acontecimentos, algo sobrenatural começou a ocorrer comigo. Alguma coisa havia acontecido dentro de mim, os meus momentos de oração agora não eram mais de apenas quinze ou vinte minutos. Passava horas em oração, sentia uma intensa unção correndo pelo meu corpo, muitas vezes o sono fugia dos meus olhos por causa da presença do Senhor, e de manhã eu estava descansado como se tivesse dormido a noite toda. Os jejuns agora eram constantes, às vezes se prolongavam por vários dias e eu sentia que dia após dia recebia uma nova unção da parte do Senhor.

Eu nem imaginava que o Senhor estava me dando essa experiência para que tivesse suporte para enfrentar uma verdadeira batalha espiritual que ainda estaria por vir, e que meu ministério levaria milhares de almas aos pés do meu amado Mestre. Centenas de pessoas seriam libertas das garras de Satanás, milhares de milagres se seguiriam em meu ministério.

10

O DESCORTINAR DE UMA GUERRA ESPIRITUAL

Tudo começou em certa madrugada, quando estávamos orando na casa do pastor Moacir. Éramos aproximadamente um grupo de cinco irmãos e, após a oração, cada um testemunhou sobre sua experiência pessoal com Deus. Até então eu nunca havia visto uma pessoa possessa por um demônio. Um dos irmãos contou como havia expulsado um demônio, outro falou de suas experiências de oração no monte e o irmão Moacir contou uma experiência que teve com um casal. O homem tentava assassinar a esposa quando o irmão Moacir orou em nome de Jesus e aquele homem ficou paralisado, vendo sua esposa desaparecer diante dele, impedindo que fosse morta.

Enquanto ele contava a experiência, uma voz dentro de mim dizia "vai para sua casa"; ouvi essa voz interior por várias vezes. Pensei que eu estava imaginando coisas, porque fiquei realmente impressionado com as experiências contadas.

Veio então uma forte impressão de que o inimigo estava agindo na minha casa. Concluí novamente que era apenas um pensamento, mas isso começou a se intensificar e a voz dizia dentro de mim para ir depressa. Por fim, resolvi atender aquela voz interior, despedi-me de todos, fui imediatamente para minha casa e ao chegar lá percebi que algo estava errado.

Na época eu tinha apenas duas filhas, Michele e Francieli. Esta última, a filha mais nova que tinha apenas dois anos de idade, estava sobre a cama e muito agitada. Quando a peguei em meus braços, ela me deu alguns arranhões. A Michele estava apavorada, minha esposa gritava comigo dizendo que nunca mais eu iria participar de reuniões de oração na madrugada, pois alguém havia invadido a nossa casa. Tentei explicar o que estava acontecendo, mas não conseguia. Fui ao quarto fazer uma oração. Eu disse em alta voz, "Senhor, mostra o que está acontecendo".

O que aconteceu em seguida foi tenebroso. As torneiras da casa começaram a abrir-se por todos os lados. As coisas andaram dentro de casa. Saí do quarto e entrei no banheiro, e ali me deparei com um vulto de um homem vestido de preto. Creio que era o mesmo que havia entrado em meu quarto quando ainda era criança. Não consegui reagir, fiquei apenas olhando e ele andou para trás, passou a parede e foi embora. Comecei a fechar as torneiras com muita força, pois foi quase impossível fechar. Logo que aquele homem saiu de dentro de casa, tudo voltou ao normal.

Aquela era mais uma investida do inimigo. Alguns dias depois, fomos todos a uma reunião de oração, e o pastor nos levou em seu carro de volta para casa. Quando nos aproximamos, percebemos que a casa estava toda aberta e que todas as luzes estavam apagadas. Eu tinha certeza de que a fechara antes de ir para a reunião, e também tinha deixado algumas luzes acesas.

Pensamos então que se tratava de um assalto, esperamos um pouco. E de uma pequena distância observávamos se havia alguma movimentação, mas nada víamos. Por três vezes chamamos a polícia e apenas na quarta vez apareceu uma viatura.

Perguntaram se fomos nós que tínhamos chamado, respondemos que sim, mas ela simplesmente foi embora sem averiguar o que estava acontecendo.

Decidimos então nos aproximar da casa. Quando chegamos perto, ela estava devidamente fechada, e trancada, ficamos perplexos sem entender o que estava acontecendo. A poucos metros havíamos visto a casa toda aberta. Quando eu e o pastor Moacir entramos, as luzes estavam apagadas, e não havia como acendê-las, então ficamos ali pelo resto da madrugada. No outro dia bem cedinho, fui averiguar o que havia acontecido com a luz e logo percebi que os fios dos terminais das lâmpadas estavam cortados como se alguém tivesse usado um alicate.

Tivemos várias experiências que se seguiram, seriam necessárias várias páginas para registrar todos esses acontecimentos.

11
A ABERTURA DA IGREJA

Até então, nos reuníamos com um grupo bem pequeno de pessoas para orarmos ao Senhor. Não havíamos nos ligado a nenhum ministério do estado de São Paulo, porque havia um de Belo Horizonte que estava para abrir um trabalho na cidade e talvez fizéssemos parte dele.

Na época, o pastor Moacir e eu tínhamos montado uma pequena empresa do ramo de marcenaria. Trabalhávamos juntos e tínhamos alguns funcionários que também eram evangélicos e que faziam parte do nosso grupo de oração, como o irmão Daniel (*in memoriam*) e outros. Não fazíamos parte de um mesmo ministério, porém tínhamos uma estreita comunhão.

Depois das experiências que eu tive com Deus, me dediquei ao jejum e à oração, e praticava isso por dias e horas a fio. Meu trabalho se tornou algo secundário, falava do amor de Cristo para muitos, como para um funcionário, que também era amigo nosso, católico, e defendia a sua crença na doutrina da igreja romana, como a prática da idolatria. Não tendo êxito no que eu falava, comecei então a orar por ele. Certo dia ele chegou bem cedo na firma e parecia estar meio desesperado, perguntei o que havia acontecido, e ele me disse: "Deus falou comigo nesta madrugada!". Então, ele me contou que havia tido um sonho que o levou a uma decisão de fé e muitas outras pessoas foram levadas aos pés de Cristo.

Começamos então uma pequena igreja ali mesmo no local de trabalho, onde cabiam no máximo cerca de 40 pessoas sentadas. Tínhamos um escritório, cuja porta dava para a avenida e este foi transformado para iniciarmos a igreja. Ali fazíamos as reuniões e na época eu ainda era bem inexperiente, mas tinha meu coração totalmente voltado para a obra de Deus. Ganhamos muitas almas para o Senhor, sendo que a maioria delas não permanecia conosco, ia logo para outra igreja, pois não tinha experiência ministerial. No entanto, o Senhor estava trabalhando em minha vida e fui para um seminário, o Seminário Betel Brasileiro. Ali estudei por quase um ano. Trabalhava durante o dia, à noite estudava, e muitas vezes ainda saíamos nas madrugadas para os montes com a finalidade de orar.

Lembro-me de que certa vez realizamos uma campanha em um monte, foram sete noites, esse foi o nosso propósito. Na última noite, já pelas duas ou três horas da madrugada, estava com minhas filhas, que apesar de pequenas me acompanhavam nas orações, e com um grupo de aproximadamente sete ou oito pessoas, como o irmão Lázaro. Naquela noite, ao descermos do monte ele disse: "Vamos descer cantando!". Nunca antes havíamos feito aquilo. Quando chegamos embaixo, holofotes se acenderam quase nos cegando, o susto foi grande, e então percebemos que eram viaturas da polícia nos perguntando como tínhamos coragem de entrar naquele local de mata fechada, pois eles mesmos com todas aquelas armas não tinham coragem. Fomos informados de que aquele local era usado por bandidos para levarem as suas vítimas e que só não fomos baleados porque havíamos descido cantando, pois um deles lembrou que os crentes tinham o hábito de subir aos montes para orar. Glorificamos a Deus pelo livramento e entregamos alguns folhetos de evangelismo para os policiais, que inclusive nos fizeram pedidos de oração. É claro que depois daquele acontecimento nós nos tornamos mais vigilantes quanto aos locais de oração.

Com a abertura da igreja, logo o Senhor começava a me usar na área de libertação.

Pessoas possessas por demônios entravam e muitas vezes antes de orarmos já manifestavam. Muitos foram libertos pelo poder de Deus naquele local e depois de todos esses anos ainda me encontro com pessoas que tiveram suas vidas transformadas por meio do nosso ministério. São inumeráveis homens e mulheres que também abraçaram o ministério e que até hoje estão fazendo a obra do Senhor no Brasil e no mundo afora.

12
PODER SOBRE PRINCIPADOS E POTESTADES

Próximo da minha casa havia um centro de macumba e nas sextas-feiras à noite ninguém conseguia dormir, pois os tambores ressoavam por toda a madrugada e algumas vezes terminava ao amanhecer. Não bastasse o incômodo gerado pelos ruídos dos tambores e gritos, tinham também o hábito de fazer trabalhos próximos à minha casa. Invariavelmente aos sábados pela manhã, havia uma imundície do outro lado da rua, bem debaixo de uma árvore que, se não me falha a memória, era uma figueira frequentemente usada para os despachos. Certo dia me aproximei daquela árvore, dei um grito e protestei: "Aqui ninguém mais faz trabalho de feitiçaria, em nome de Jesus!". Alguns dias depois, eu até havia me esquecido do episódio, mas fui ao local para ver o que havia acontecido e, quando me aproximei, vi a árvore seca desde o alto até a raiz. Passaram-se alguns dias e a prefeitura retirou aquela árvore daquele lugar.

Certo dia, eu estava na minha hora de almoço e sempre cultivei o hábito de deitar-me após as refeições para um descanso, pois, além do dia de trabalho, tinha também o estudo da Palavra à noite. Como a maioria das vezes fazia orações nas madrugadas, o cansaço era evidente. Ao me deitar, tive outra experiência. Meu corpo se deitou, mas meu espírito ficou em pé, então em espírito saí do meu quarto, fui andando em direção à rua, andei por alguns metros, atravessei uma pequena ponte que existia ali nas proximidades e quando me dei conta estava entrando em um recinto. Ali estava um homem com um punhal na mão, à sua frente havia um boneco de pano, e ele tentava apunhalar aquele boneco, mas não conseguia; em um dado momento deu um grito e disse: "Tire esse homem daqui!". Voltei então para casa novamente, fazendo o mesmo percurso, porém muito assustado e mais uma vez não consegui dormir, então fui orar.

Em uma noite de sexta-feira, não conseguia dormir por causa dos batuques daquele centro de macumba e fiquei muito irritado. Saí, levantei minhas mãos, e em alta voz gritei que não iria mais entrar nenhum demônio naquele lugar! Ouvi um estrondo dentro daquele centro, como se um fogo entrasse naquele local, e enquanto morei ali não mais vi nenhum trabalho sendo feito. Posteriormente eu conheci um irmão de igreja, que me contou que seu pai fazia parte daquele centro e que naquela noite havia acontecido algo sobrenatural e não conseguiram mais prosseguir com os trabalhos naquele local.

Tive muitas experiências nessa área, pois nas minhas viagens missionárias passei por muitas cidades e era impressionante observar que em cada uma havia uma situação espiritual diferente.

Passei por lugares onde o domínio espiritual do diabo tinha sido quebrado, em outras sentia uma retaliação e em muitas ocasiões tinha inclusive dificuldades para ministrar. Certa vez fui para uma cidade no Mato Grosso e, chegando lá, fiz uma campanha de milagres na qual durante toda a semana senti grande dificuldade para ministrar. O pastor me contou das dificuldades que ele também enfrentava naquele local; ele estava completamente desanimado, pois sua família estava sofrendo muito.

Tempos depois, me senti desafiado a voltar àquela cidade. Quando retornei, estava com o propósito de permanecer por uns quinze dias, então disse ao pastor local que realizaríamos uma maratona de oração. Quando propus a forma como seria realizada a maratona, o pastor respondeu: "Será impossível por haver um número bem reduzido de irmãos na igreja". Eu disse a ele que a maratona daria certo e que eu me comprometeria a suprir os horários em que não houvesse ninguém para orar.

Fizemos um relógio de oração, de forma que a maratona começasse num domingo à meia-noite e que a cada hora trocássemos de turno. Duas pessoas oravam da meia-noite a uma hora da manhã, mais duas da uma às duas da manhã e assim a maratona seguiria até a meia-noite do domingo seguinte. Começamos então a orar e além do relógio de oração colocamos também sete propósitos, sendo que um deles tinha o objetivo de quebrar o principado que dominava aquela cidade. As horas de oração foram acontecendo dentro do programado, durante o dia havia algumas irmãs que estavam na igreja e que cumpriam os primeiros horários e na madrugada os homens continuavam.

As primeiras horas foram de grandes batalhas espirituais, no entanto bastou apenas um tempo de oração para percebermos que alguns irmãos começaram a repetir seu turno, sendo que, no terceiro dia, em vez de duas pessoas, já havia um grupo de seis ou mais orando. Era incrível observar que as pessoas passavam em frente à igreja e ali paravam para ver o que estava acontecendo. Em seguida, eram atraídas para dentro e minutos depois já estavam de joelhos diante do altar entregando-se a Jesus. Foi um mover tremendo de Deus naquele local outrora dominado pelas forças do inimigo. Na semana seguinte, realizamos três cultos de milagres. Para uma cidade onde a frequência nos cultos era mínima e a igreja tão pequena, ficamos felizes por constatar que faltavam lugares para acomodar as pessoas. Na segunda noite de culto, fui surpreendido quando um dos irmãos me comunicou que havia uma repórter de um jornal da cidade. Quando ela se aproximou para entrevistar-me, prontamente aceitei. Fomos então para uma sala nos fundos da igreja e quando olhei para ela percebi que seus olhos já estavam cheios de lágrimas. Em determinado momento ela não conseguiu conter o choro, e em lágrimas e soluços fez uma pergunta: "O que está acontecendo nesta cidade?". E, antes mesmo que respondesse, ela já estava em lágrimas aceitando a Jesus como seu único e suficiente salvador.

Os dias que se seguiram foram de muitos milagres e conversões, sendo que, após a realização daquela maratona de oração, o pastor foi obrigado a mudar o local dos cultos, pois sua igreja já não mais comportava o número de pessoas que se juntaram àquele ministério.

Realizamos muitas outras maratonas de oração em outras cidades, vimos as obras do diabo sendo destruídas quando a igreja unânime entrava em oração. Cidades foram libertas pelo poder de Deus, pastores testemunhavam de encruzilhadas que eram infestadas de obras de feitiçaria que foram desfeitas e nunca mais houve resistência, igrejas cresciam quando era exercitada a autoridade em nome de Jesus.

E, chegando Jesus às partes de Cesareia de Filipe, interrogou os seus discípulos, dizendo: Quem dizem os homens ser o Filho do homem? E eles disseram: Uns, João Batista; outros, Elias, e outros, Jeremias, ou um dos profetas. Disse-lhes ele: E vós, quem dizeis que eu sou? E Simão Pedro, respondendo, disse: Tu és o Cristo, o Filho do Deus vivo. E Jesus, respondendo, disse-lhe: Bem-aventurado és tu, Simão Bar Jonas, porque

> não foi carne e sangue quem to revelou, mas meu Pai, que está nos céus. Pois também eu te digo que tu és Pedro, e sobre esta pedra edificarei a minha igreja, e as portas do inferno não prevalecerão contra ela. E eu te darei as chaves do reino dos céus, e tudo o que ligares na terra será ligado nos céus, e tudo o que desligares na terra será desligado nos céus.
>
> Mateus 16:13-19

Jesus realizou muitos milagres, pregou o reino de Deus a todos, nos mostrou que Deus, sendo tão grande, cabe dentro de cada um de nós e nós, sendo tão pequenos, podemos ter o Seu poder e plenitude.

Jesus, diante de tudo que realizara, olhou para seus discípulos e fez então a seguinte pergunta:

> *Quem dizem os homens ser o Filho do homem?*

A resposta foi imediata:

> *Uns, João Batista; outros, Elias, e outros, Jeremias, ou um dos profetas.*

Cada um tinha sua opinião a respeito de Jesus, ao que Jesus lhes perguntou:

> *E vós, quem dizeis que eu sou?*

Pedro lhe respondeu:

Tu és o Cristo, o Filho do Deus vivo.

Diante desta pergunta, Jesus disse: "Vou dizer quem são vocês. Vocês são a minha Igreja e as portas do inferno não prevalecerão contra ela!".

Vejo cristãos se sentindo perturbados só porque alguém fez algum tipo de trabalho para prejudicar sua vida, cortam caminho quando se deparam com um trabalho de feitiçaria, tudo simplesmente porque não reconhecem sua autoridade em Cristo Jesus. Conheci certo pastor que ficava perturbado quando alguém mencionava algo sobre espiritismo, feitiçaria, satanismo ou coisa assim, temendo retaliações.

É claro que não vamos sair por aí desafiando o inimigo sem motivo algum. O apóstolo Paulo diz:

Porque não ignoramos os seus ardis.

2 Coríntios 2:11

Mas não cortamos caminho para nos desviarmos deles.

Certo dia, eu e minha esposa estávamos indo para a casa de um pastor de nossa igreja, quando entramos em uma estrada secundária que nos levaria para a casa do pastor. Havia ali um trabalho de feitiçaria, então parei o carro ao lado daquela sujeira e disse: "Escuta aqui, diabada, aqui é o caminho que leva para a casa de um servo de Deus. Eu sempre uso este caminho e a partir de agora acabou essa palhaçada! Não quero mais ver nenhum trabalho aqui e quando retornar quero ver este local limpo desta sujeira". No caminho de volta, quando passamos pelo local, não havia mais nenhuma marca sequer do trabalho. Já se passaram meses e nunca mais foi realizado qualquer tipo de trabalho naquele local, pois a autoridade concedida por Jesus nos dá poder sobre as trevas. Há um relato bíblico em Marcos que diz:

> *E chegaram à outra margem do mar, à província dos gadarenos. E, saindo ele do barco, lhe saiu logo ao seu encontro, dos sepulcros, um homem com espírito imundo, o qual tinha sua morada nos sepulcros, e nem ainda com cadeias o podia alguém prender. Porque, tendo sido muitas vezes preso com grilhões e cadeias, as cadeias foram por ele feitas em pedaços, e os grilhões, em migalhas, e ninguém o podia amansar. E andava sempre, de dia e de noite, clamando pelos montes e pelos sepulcros e ferindo-se com pedras. E, quando viu Jesus ao longe, correu e adorou-o. E, clamando com grande voz, disse: Que tenho eu contigo, Jesus, filho do Deus altíssimo? Conjuro-te por Deus que não me atormentes. (Porque lhe dizia: Sai deste homem, espírito imundo.) E perguntou-lhe: Qual é o teu nome? E lhe respondeu, dizendo: Legião é o meu nome, porque somos muitos. E rogava-lhe muito que os não enviasse*

para fora daquela província. E andava ali pastando no monte uma grande manada de porcos. E todos aqueles demônios lhe rogavam, dizendo: Manda-nos para aqueles porcos, para que entremos neles. E Jesus logo lho permitiu. E, saindo aqueles espíritos imundos, entraram nos porcos; e a manada se precipitou por um despenhadeiro no mar (eram quase dois mil) e afogou-se no mar. E os que apascentavam os porcos fugiram e o anunciaram na cidade e nos campos; e saíram muitos a ver o que era aquilo que tinha acontecido. E foram ter com Jesus, e viram o endemoninhado, o que tivera a legião, assentado, vestido e em perfeito juízo, e temeram.

Marcos 5:1-15

O versículo 7 nos relata a reação daquela legião de demônios:

Conjuro-te por Deus que não me atormentes

Marcos 5:7

Eles se sentiram perturbados com a presença de Jesus, e é isso que o nosso adversário sente quando assumimos nossa posição em Cristo Jesus. Além das portas do inferno não prevalecerem contra nós, eles ainda se sentem perturbados com nossa presença.

13
O DIABO VEIO VISITAR-ME

Certo dia, após um culto de libertação, um moço que fixamente olhava para mim durante o trabalho aproximou-se e perguntou: "Posso ter uma conversa em particular com você?". Respondi que sim, porém pedi que aguardasse um momento, pois tinha que atender algumas pessoas. Após ter atendido a todos, fui conversar com ele no escritório, sentei-me à mesa e ele em um sofá que ficava bem na minha frente. Então me perguntou se eu o conhecia, e logo disse que não, pedindo inclusive desculpas, pois eram muitas pessoas. Em seguida, num determinado momento, desviei meu olhar rapidamente para pegar um papel na gaveta da mesa onde estava sentado, mas, quando voltei a atenção àquela pessoa, levei um grande susto. Notei que aquele rapaz havia se transformado, suas orelhas tinham crescido, seus olhos ficaram bem arredondados e seu rosto parecia como de um bode. Na verdade, não era uma pessoa, e sim um demônio chamado Belzebu, mas que eu estava observando durante todo o culto como se fosse uma pessoa qualquer. Perguntou-me então: "Conhece-me agora?". E eu disse a ele: "Está amarrado, em nome de Jesus!". Naquele mesmo momento, seus pés e braços se firmaram contra o sofá de tal maneira que ele não podia se mover, quando em seguida começou a falar numa língua estranha que na ocasião, confesso, me fez ser tomado de certo temor. Como seus braços estavam presos ao sofá, ele fazia gestos com os dedos e senti como se uma nuvem escura entrasse naquele lugar. Tentei não demonstrar medo, mas foi inevitável.

Procurei por alguns textos bíblicos que falassem da autoridade que nos foi dada sobre os demônios, no entanto aquele espírito maligno disse que não iria encontrar o que estava procurando, e realmente não os achei. Em dado momento, me senti só e sem forças para agir, pois ele havia me convencido com espantosa inteligência que Deus tinha me abandonado naquela situação, que estava sozinho. Fiquei totalmente convencido, a ponto de minha fé ter sido fortemente abalada! Na época, havia um parente nosso do Paraná que estava em São Paulo para nos visitar e, como eu estava demorando a voltar para casa, ele foi ao escritório averiguar o que estava acontecendo. Quando chegou, foi até a porta, me chamou, e eu disse que logo iria embora. Quando ele saiu, aquele demônio me disse que em seis meses aquele parente estaria morto. Foi o que de fato aconteceu.

Seis meses depois recebemos a notícia que ele havia tido um ataque cardíaco e ido a óbito.

Já havia se passado mais de uma hora e aquele espírito maligno continuava falando comigo, o ambiente estava com um clima tenebroso e ele começou a me dizer que, se eu continuasse naquele caminho, teria muitos problemas. Dentre outras coisas, me cobrou por tê-lo humilhado em muitas ocasiões, quando em início de ministério, os expulsava. Falou também em pactos que poderiam mudar a minha vida, oferecendo-me as mulheres que eu quisesse e dinheiro, falando-me inclusive que poderia continuar sendo pastor, mas não poderia expulsar demônios e nem orar por enfermos, porém disse a ele que tinha um pacto com Deus através do sangue de Jesus. Quando disse isso, ele pediu que eu não falasse nesse nome e nem nesse sangue. Disse-me ainda que, quando me referisse a Jesus, eu falasse "o homem de branco". Fiz um silêncio e fiquei pensando sobre o motivo pelo qual ele queria que me referisse a Jesus chamando-o de "o homem de branco". Em seguida veio a resposta ao meu coração, já que homem de branco pode ser um médico, pai de santo ou sei lá o quê.

Quando ele percebeu que a tentativa de me convencer era inútil, disse-me então que teria muitos problemas com eles, que não me deixariam em paz e que na menor oportunidade me matariam. Naquele momento, comecei a sentir algo diferente, porque percebi a presença de alguém ao meu lado. Aquele demônio olhou para mim e disse: "Você sabe por que eu não te mato agora mesmo?". E eu perguntei a ele por quê. Ele me disse que aquele lugar estava cercado de anjos do Senhor e que havia alguém do meu lado que brilhava muito. Quando me disse isso, senti que o Senhor havia entregado o controle daquela situação em minhas mãos. Já era mais de meia-noite quando aquele demônio me disse que iria embora, no entanto, não sei nem por quê, disse a ele que só sairia de lá se eu deixasse, e então ele disse que sairia dali quando quisesse. Portanto pedi que tentasse, ele tentou, mas não conseguiu, e naquela hora eu senti o céu se abrindo e a glória de Deus entrando naquele local. Aquele demônio então começou a falar em outras línguas novamente e eu disse a ele que poderia chamar o inferno inteiro se quisesse, mas meu Senhor estava ali para me guardar. Momentos antes de ele ir embora, me disse que eu não dormiria naquela noite, mas simplesmente ignorei aquilo. Ordenei que saísse daquele lugar e logo ele sumiu. Estava exausto depois de tudo aquilo, fui para casa, mas sentia que a unção do Espírito Santo estava sobre mim de uma forma tremenda.

Fui dormir e, assim que peguei no sono, alguém me chamou do lado de fora da casa, pensei tratar-se de algum irmão. Levantei-me e quando saí escutei uma gargalhada sinistra, com uma voz dizendo: "Eu disse a você que não iria dormir hoje!". E isso se repetiu por três ou quatro vezes. Por fim, nem me levantei mais, no entanto lá pelas cinco horas da manhã ouvi uma criança me chamando e implorando que eu a ajudasse. Pensei tratar-se realmente de uma criança e, quando saí, novamente ouvi a gargalhada. Naquele momento o repreendi com autoridade e por fim aquilo não mais se repetiu naquele dia, mas durante vários meses, em algumas horas da noite, novamente ocorria. No entanto, a partir daí, senti que o Senhor havia me dado uma autoridade especial sobre os espíritos imundos, de tal forma que, muitas vezes quando passava pelas ruas, pessoas possessas caíam, demônios fugiam e vidas eram libertas dos espíritos malignos.

14
TRÊS DIAS E DUAS NOITES NO MONTE

O texto de Efésios 6:13 diz:

> *Portanto, tomai toda a armadura de Deus, para que possais resistir no dia mau e, havendo feito tudo, ficar firmes.*
>
> Efésios 6:13

Venci muitas batalhas, porém a guerra ainda não foi vencida. Satanás, nosso adversário, nunca se dá por vencido. Jesus disse:

> *Tenho vos dito isso, para que em mim tenhais paz; no mundo tereis aflições, mas tende bom ânimo; eu venci o mundo.*
>
> João 16:33

Satanás começou então a intensificar seus ataques em minha vida. Por muitas vezes, pessoas passavam em frente à nossa igreja, e já ficavam endemoninhadas.

Certa manhã, quando estávamos na escola dominical, entrou um senhor alto, de barba, e dizia que, ao passar em frente à igreja, alguma coisa o levou para dentro. Pediu que orássemos por ele e, assim que coloquei as mãos sobre sua cabeça, um espírito maligno se manifestou. Nós o expulsamos e aquele homem foi liberto pelo poder de Deus.

Com o passar do tempo, comecei a ter alguns sintomas de medo, era um sentimento angustiante, que foi tomando conta de mim; eu ficava temeroso de orar, e até mesmo de me aproximar das pessoas. Aquele temor foi aumentando, a ponto de eu falar com o Senhor que não queria mais fazer aquele trabalho, que iria pregar o evangelho, mas apenas como um pregador normal como tantos outros, pois minha batalha era intensa, e eu não sabia se iria suportar por muito tempo tudo que estava vivendo. Aos poucos fui perdendo o ânimo pelo trabalho, e foi quando percebi que Satanás não queria apenas me amedrontar, mas me paralisar por completo.

Tínhamos um irmão que era também diácono em nossa igreja, um homem com um amor inquestionável pela obra do Senhor, sempre presente em todas as reuniões e com quem tínhamos também um forte vínculo de amizade. Resolvi convidá-lo para irmos ao monte por três dias e duas noites e ficarmos ali em jejum e oração.

Apesar da chuva e muito frio, permanecemos naquele monte e perseveramos nas muitas horas de oração. No primeiro dia, não era só o frio do corpo que incomodava, mas havia uma frieza na alma. Nós passamos horas em batalha espiritual, sem ter qualquer resultado. Meu coração estava congelado e passamos os dois primeiros dias naquela situação. No segundo dia, desci do monte para andar um pouco e deparei-me com duas jovens que começaram a me apedrejar, além de ordenar que eu saísse daquele lugar. Com muita dificuldade consegui me aproximar delas e iniciar um diálogo. Perguntaram-me o que estava fazendo naquele lugar e respondi que estava lá há dois dias orando. Então, perguntaram por que estava orando, e expliquei que estava intercedendo por aqueles que estavam longe de Deus. Depois de uma longa conversa, elas pediram que orasse por elas e por suas famílias.

Voltei ao local de oração. Aquela era a última noite que permaneceríamos ali, então naquela madrugada oramos intensamente. Em dado momento, senti um forte tremor de terra, pensei que só eu tinha sentido aquilo, perguntei ao irmão, e ele disse que também tinha sentido a mesma coisa. Aquele tremor se repetiu por três vezes. Senti então o poder de Deus inundar meu coração de uma forma extraordinária. Naquele momento, percebi que havia algo errado com o irmão que estava comigo, pois ele já não mais conversava como antes. Entendi então que Satanás havia atingido o irmão naquela batalha. Ele foi à igreja por mais uma ou duas vezes, e tentamos resgatá-lo para nosso meio, mas não logramos êxito. Vi situações assim acontecerem muitas outras vezes. Aprendi, então, que há pessoas que são uma bênção na igreja, mas nem sempre estão prontas espiritualmente para certas batalhas.

Contudo percebi que algo de extraordinário havia acontecido no mundo espiritual, Satanás mais uma vez havia perdido a batalha.

15
A MUDANÇA DA IGREJA PARA OUTRO BAIRRO

Sempre gostei de evangelizar, às vezes eu acordava de madrugada e colocava uma touca na cabeça para que as pessoas não me reconhecessem, tudo porque logo mais à noite eu estaria no púlpito pregando, abriria a porta da nossa pequena igreja, colocaria uma caixa de som do lado de fora para reproduzir alguns louvores e distribuir convites para todos. Certa vez observei que havia um homem que pegava os folhetos e os jogava fora.

No dia seguinte, eu insistindo, dava-lhe outro folheto e por várias vezes ele fazia a mesma coisa. Depois percebi que, quando ele me via, passava pelo outro lado da rua, porém mesmo assim eu atravessava e lhe entregava o folheto. Certo dia aquele homem estava dentro da igreja, contou-me depois que tinha um sério problema de coluna, e naquela mesma noite o Senhor o curou. Ele se converteu e tornou-se um servo do Deus Altíssimo, e dias depois toda a sua família foi alcançada pelo poder de Jesus. Poderia contar aqui dezenas de testemunhos de milagres e de como almas foram levadas aos pés do Senhor.

Ganhamos ali muitas almas para Jesus, saímos daquele local e fomos para um salão que acomodava cerca de trezentas pessoas; é claro que não conseguimos realmente encher aquele lugar, pois pouco tempo depois o Senhor me chamou para um ministério itinerante, mas quero contar alguns acontecimentos que se sucederam naquele local.

Começamos um trabalho de evangelismo, logo ganhamos um bom número de pessoas e famílias inteiras eram salvas pelo Senhor. Tínhamos um intenso trabalho com jovens e crianças, as reuniões eram quase diárias. Certo dia, eu estava realizando um culto durante a tarde, tínhamos entre quarenta e cinquenta irmãs que também estavam lá quando entrou um rapaz e sentou-se no primeiro banco. Achei aquilo muito estranho, pois era uma tarde muito quente, e ele estava usando uma jaqueta, pensei logo que se tratava de um assalto ou coisa assim. Continuei o culto receoso com aquela situação e em dado momento pedi que a congregação ficasse em pé para orarmos. Quando ministrei que todos fechassem os olhos, percebi que aquele homem realmente estava armado. Aguardando o melhor momento para agir, ele colocou uma das mãos dentro da jaqueta para sacar a arma, porém observei que sua mão ficou presa na cintura e que não conseguia mais se mover. Mandei então que ele também fechasse os olhos, no entanto em seguida ele ficou possesso. Levei-o para o altar, expulsei o demônio, e quando ele voltou a si entrou em pânico, pois não sabia como havia chegado ali. Saiu correndo pelo corredor e quando já estava do lado de fora tentei chamá-lo, mas foi inútil.

Ao entardecer fui para minha casa, fazia o percurso a pé, passava em frente a um enorme muro de uma empresa da área. Seguindo o caminho, percebi um vulto de uma pessoa que se aproximou pelas minhas costas, rapidamente efetuou um disparo bem na direção da minha nuca e saiu correndo. Vi algumas pessoas que estavam em um bar nas proximidades saírem e ficarem olhando para mim, e logo pensei ter sido alvejado por aquele disparo e que a qualquer instante minha vista fosse escurecer e eu cairia por ali mesmo. No entanto, acelerei os meus passos, andei por alguns metros e vi que nada ocorreu; passei a mão na nuca, mas não havia sangue, tirei o paletó e nada de sinal de tiro. Percebi então que a mão do Senhor havia me defendido naquela situação, e naquele local o Senhor me deu experiências tremendas, com muitos milagres, suprimentos, libertação e experiências que acrescentaram à minha fé. Foram várias ameaças e investidas de Satanás que sofremos, mas de todas o Senhor nos deu livramento.

16

DEUS TEM PODER SOBRENATURAL

Eu sempre acreditei no poder sobrenatural de Deus, sabia que por trás dos relatos bíblicos havia um Deus que constantemente opera milagres, e a minha busca por esse Deus de milagres foi exaustiva. Certa vez, fui convidado para ir ao Parque do Ibirapuera, em São Paulo, para participar de um culto em que um missionário canadense ministraria milagres por meio do poder da oração. Quando cheguei ao local do evento, com minha mãe e meu irmão Joni, o culto já havia começado e uma verdadeira multidão de pessoas se fazia presente. Com muita dificuldade conseguimos entrar, cheguei bem próximo de onde o pregador estava, e esperava um pastor de terno e gravata, no entanto, lá estava um senhor de mais ou menos 65 anos, vestido de forma simples, mas que, quando colocava as mãos sobre os enfermos, eles eram curados. Chegava até a enfileirar os surdos, orava, e em seguida todos eram curados.

Lembro-me bem de um moço que se aproximou do altar apoiando-se em uma bengala de madeira, um coxo, e que após a oração ministrada pelo pastor largou aquela bengala e saiu andando normalmente. Via que realmente dezenas de pessoas eram curadas. Em dado momento, senti algo me envolvendo, era um calor que corria pelo meu corpo, comecei a chorar muito, então o Senhor falou comigo. Ele disse que me usaria daquela forma e, daquele dia em diante, comecei a crer que milagres eram para os nossos dias. Algum tempo depois, veio também em minhas mãos um livro chamado *Explosão de milagres*. Li aquele livro exaustivamente, e quando terminei sabia realmente que algo dentro de mim tinha mudado. Havia uma fé que funcionava de verdade, e logo fui tirar prova disso.

Minha filha mais velha, Michele, nasceu com um problema anatômico em que uma das suas pernas era mais curta que a outra. Ela precisava de um par de sapatos novos a cada quinze dias, pois o sapato de um dos pés se rasgava. Peguei minha filha, a coloquei sentada sobre uma cadeira, estiquei as duas pernas bem na minha frente e percebi que a diferença era notória. Orei e dei uma ordem: "Perna, eu te ordeno que cresça ao tamanho normal, em nome de Jesus!". Bem diante de mim aquela perna esticou e ficou do mesmo tamanho da outra.

Fui a um culto em uma casa com cerca de trinta ou quarenta pessoas, era uma missionária que dirigia a reunião.

E ali estava sentada uma moça que tinha uma paralisia que impedia os movimentos de suas pernas. Ao terminar aquele culto, perguntei para a moça se poderia orar por ela, e ela me disse que sim. Quando orei, rapidamente um demônio se manifestou, foi expulso e aquela moça foi curada pelo poder de Deus. Desde então vimos o Senhor operar inúmeras maravilhas e milagres. Ao perceber que o Deus de milagres estava agindo em minha vida de forma sobrenatural, comecei também a crer que ele supriria as minhas necessidades pessoais.

Certa vez estávamos passando por uma dificuldade financeira, era aniversário de minha filha Michele, e ela me disse que queria ganhar um relógio que na época era moda no meio da juventude, mas eu disse a ela que não possuía o recurso necessário para comprar. Pedi a ela que orasse, porque o Senhor daria o presente de aniversário, e foi o que ela fez. O dia foi passando normalmente. Fomos ao culto à noite, chegamos em casa, e antes de me deitar orei ao Senhor e disse que o dia estava terminando, que minha filha já estava na cama e que o relógio dela não tinha chegado. Era quase meia-noite, eu já estava deitado, quando alguém bateu à porta, pensei ser alguém que queria oração, levantei-me e atendi. Era uma irmã conhecida, que então me disse: "Pastor, me desculpe acordá-lo a essa hora, mas eu estou muito incomodada, pois comprei este relógio hoje, e eu não sei por que o Senhor me incomodou para dá-lo à sua filha". Era exatamente o relógio que ela havia pedido, o Senhor honrou a oração de seu servo.

Certa vez fui convidado para ministrar em Minas Gerais. Comecei orando ao Senhor porque o assunto sobre o qual deveria ministrar ainda era um pouco desconhecido para mim. Lembrei-me então que havia um livro que falava sobre aquele assunto, alguém havia me falado sobre ele, mas a viagem estava marcada para as duas da tarde e já era meio-dia. Como precisava daquele livro e não tinha mais tempo de ir ao centro para comprá-lo, orei ao Senhor, e poucos minutos antes de viajar, entrou em minha casa o irmão Jair Mantovani, um ex-feiticeiro que havia ganhado para Jesus. Ele também ingressou no ministério e até hoje é pastor e viaja pelo mundo testemunhando as grandezas de Deus. Assim que ele entrou em minha casa, me disse: "Eu trouxe um presente para o pastor!". E antes que ele me entregasse o presente, disse a ele: "Posso falar o que é?". Ele então me perguntou: "O que é?". Então disse a ele: "É um livro!". Disse ainda o nome do livro e o nome do autor. Perplexo, ele perguntou como eu sabia daquilo, e disse a ele que havia orado ao Senhor pedindo o livro alguns minutos antes. Deus é maravilhoso!

Outra experiência ocorreu quando em um determinado dia precisava viajar para o Rio de Janeiro, estava sem dinheiro para a passagem, mas assim mesmo arrumei as malas. Fui inclusive questionado sobre como faria isso sem dinheiro. Então disse: "Cuido da obra de Deus e Ele cuida de mim!". Arrumei tudo e, alguns minutos antes de sair, meu cunhado apareceu me perguntando para onde iria, e expliquei que iria para o Rio de Janeiro para realizar trabalhos evangelísticos. Em seguida ele disse que pagaria a minha passagem, e mais uma vez a fidelidade de Deus foi manifestada em minha vida.

Dentre muitas outras coisas que aconteceram, não podia deixar de contar a história a seguir. Certa vez, em meio a dificuldades, havia acabado a provisão de alimentos em minha casa, era um sentimento de frustração em meu coração e não me lembro de ter orado a respeito disso. Pedi então para que todos entrassem no quarto e não saíssem antes do meio-dia. Peguei quatro panelas, as enchi de água, coloquei sobre o fogo e declarei: "Diabo, você não terá o prazer de ver minhas panelas vazias! Nem que seja com água, mas elas estarão cheias". A água foi fervendo e a preocupação foi alimentar Michele, Francieli e Jonatas. Conforme o tempo passava, a água evaporava e eu tornava a encher as panelas novamente. No entanto, a hora do almoço estava se aproximando e todos sairiam do quarto para se alimentar. Foi quando apareceu uma irmã que passava perto da minha casa e me contou que sentiu vontade de ir ao mercado para comprar algumas coisas para nosso suprimento. Foi exatamente o que ela fez, de forma que ao meio-dia, como havia declarado, a comida estava à mesa para todos.

Há alguns anos, tive um problema em minha vista esquerda – houve um pequeno acidente, porém com grandes consequências, já que me causou um descolamento da retina e por causa disso fiquei totalmente cego desse olho. Logo, comecei a perder a visão do lado direito também. A preocupação tomou conta de mim por várias razões, inclusive a possibilidade de ficar totalmente cego. A outra residia no fato de eu ser um pregador de milagres e, sendo assim, como iria falar de um Deus que cura se eu mesmo estava cego? Após um longo tempo em oração em favor do meu olho esquerdo sem ter uma aparente melhora, conversei com o Senhor afirmando que não deixaria de pregar Sua palavra, dizendo também que falaria sobre o plano de salvação e sobre o sacrifício de Jesus, porém que não mais ministraria sobre milagres. A reação foi imediata! Certo dia em oração, novamente o Senhor falou comigo, dizendo: "Porventura a tua enfermidade mudou a minha palavra? Não sou mais eu o Deus que cura?".

Silenciei-me e comecei a reivindicar a minha cura; no entanto, apesar da grande dificuldade que tinha para enxergar, nunca contei isso a ninguém, apenas cultivei o hábito de todos os dias falar com o Senhor sobre como estava o problema. Aos poucos também estava perdendo minha vista direita e todos os dias antes de fazer qualquer coisa me colocava diante do espelho e dizia: "Senhor, ainda estou cego da minha vista esquerda, e estou perdendo a vista direita".

Passaram-se semanas e certo dia fui convidado para participar de um culto de milagres. Atendi ao convite e fui. Quando o pastor orou pelos enfermos, decidi também receber oração. Ao impor a mão sobre mim, ele declarou que eu estava curado, e imediatamente coloquei minha mão sobre minha vista direita e tive de dizer novamente ao Senhor que ainda estava cego. No entanto, saí daquele lugar crendo que algo havia acontecido com meu olho esquerdo, afinal de contas a Palavra de Deus diz:

> *Confessai as vossas culpas uns aos outros e orai uns pelos outros, para que sareis; a oração feita por um justo pode muito em seus efeitos.*
>
> Tiago 5:16

Passaram-se aproximadamente sete dias e meu olho começou a arder, era uma dor quase insuportável, sentia também uma forte pressão no globo ocular, pensei então que não estava apenas cego, mas que meu olho iria explodir! Em seguida, pensei em procurar um médico, mas resolvi continuar crendo na palavra dEle. Passaram-se alguns dias, e numa certa manhã, ao acordar, eu iria continuar o ritual de colocar-me em frente ao espelho e dizer "Senhor, ainda estou cego da minha vista esquerda e estou perdendo a direita". Antes de pronunciar as palavras, olhei para o espelho e vi nele o reflexo da lâmpada acesa atrás de mim e em vez de dizer que ainda estava cego, eu disse: "Senhor, estou começando a enxergar!". Foram necessários apenas mais alguns dias para que minha visão tivesse voltado ao normal. Anos depois fui a um oftalmologista para realizar um exame, e ao fazê-lo fiquei muito surpreso quando ele me disse que só receitaria a lente direita para leitura, já que eu não conseguia enxergar pela esquerda. Então disse a ele que enxergava dos dois olhos e ele disse que seria impossível, pois eu tinha uma lesão cicatrizada na retina do olho esquerdo que me impossibilitaria de enxergar. Glorifiquei a Deus, pois o milagre era maior do que eu imaginava. Como já relatei anteriormente, poderia acrescentar dezenas de páginas a este livro relatando milagres que o Senhor tem operado em minha vida.

17
ITENS FUNDAMENTAIS NO PROCESSO DE LIBERTAÇÃO

Tive muitas experiências na área de libertação espiritual que gostaria de compartilhar. Algumas atitudes podem ser fundamentais nesse processo.

Nas cruzadas que realizo, o Senhor tem me usado grandemente para quebrar maldições em centenas de pessoas, e, graças a Ele, a maioria foi liberta. Algumas vezes nos deparamos com situações em que o demônio havia sido expulso, porém em poucos dias a pessoa continuava apresentando o mesmo problema. Encontrei-me também com pastores que contaram experiências frustrantes e situações que causavam desânimo por não terem tido êxito em seu trabalho de libertação.

Quero dar alguns conselhos bíblicos e contar algumas experiências que tive nessa área que podem ajudar muito em um processo de libertação espiritual e evitar frustrações. Há algumas questões que podem se tornar decisivas nesse processo. Primeiro é necessário ter um ministério de libertação, isto é, ter consciência do que estamos fazendo, mesmo apesar do fato de Jesus ter nos dado poder para esmagar serpentes e escorpiões.

> *E, chamando seus doze discípulos, deu-lhes poder sobre os espíritos imundos, para os expulsarem e para curarem toda enfermidade e todo mal.*
>
> Mateus 10:1

> *E nomeou doze para que estivessem com ele e os mandasse a pregar e para que tivessem o poder de curar as enfermidades e expulsar os demônios.*
>
> Marcos 3:14-15

Ainda:

> *E estes sinais seguirão aos que crerem: em meu nome, expulsarão demônios; falarão novas línguas.*
>
> Marcos 16:17

A Bíblia é bem clara em relação a esse assunto, os discípulos foram comissionados a realizar as obras de Deus, como a Igreja de hoje também foi comissionada para esse trabalho. Os discípulos se regozijaram quando viram o poder de Deus em ação, constatando que receberam autoridade sobre os demônios e enfermidades.

E voltaram os setenta com alegria, dizendo: Senhor, pelo teu nome, até os demônios se nos sujeitam.

Lucas 10:17

Mas estes mesmos discípulos que se regozijavam por terem recebido tal poder também tiveram uma experiência negativa.

E um da multidão, respondendo, disse: Mestre, trouxe-te o meu filho, que tem um espírito mudo; e este, onde quer que o apanha, despedaça-o, e ele espuma, e range os dentes, e vai se secando; eu disse aos seus discípulos que o expulsassem, e não puderam.

Marcos 9:17-18

Esta foi uma experiência frustrante para os discípulos, mas eles foram buscar respostas para o problema, pois sabiam que algo tinha saído errado, e perguntaram para Jesus.

E, quando entrou em casa, os seus discípulos lhe perguntaram à parte: Por que o não pudemos nós expulsar? E disse-lhe: Esta casta não pode sair com coisa alguma, a não ser com oração e jejum.

Marcos 9:28.

A primeira lição é ter consciência da nossa posição em Cristo, é entender que somos uma autoridade e precisamos ter absoluta certeza de que fomos comissionados para esta obra. Em segundo lugar, precisamos ter um estreito relacionamento com o Mestre, e ter uma vida de jejum e oração para que nossa vontade esteja inteiramente em harmonia com a vontade de Deus. E, quando algo sair errado, entender que nem sempre o motivo foi falta de fé, autoridade ou santidade. Há respostas para cada situação e estas repostas devem ser buscadas em oração, ou até mesmo com pessoas que têm mais experiência na área. Os discípulos não se calaram, em vez disso foram buscar respostas, não cruzaram os braços e ficaram lamuriando sobre o que havia ocorrido, ou duvidaram do seu chamado para o ministério.

> E logo ordenou Jesus que os seus discípulos entrassem no barco e fossem adiante, para a outra banda, enquanto despedia a multidão. E, despedida a multidão, subiu ao monte para orar à parte. E, chegada já a tarde, estava ali só. E o barco estava já no meio do mar, açoitado pelas ondas, porque o vento era contrário. Mas, à quarta vigília da noite, dirigiu-se Jesus para eles, caminhando por cima do mar. E os discípulos, vendo-o caminhar sobre o mar, assustaram-se, dizendo: É um fantasma. E gritaram, com medo. Jesus, porém, lhes falou logo, dizendo: Tende bom ânimo, sou eu; não temais. E respondeu-lhe Pedro e disse: Senhor, se és tu, manda-me ir ter contigo por cima das

> águas. E ele disse: Vem. E Pedro, descendo do barco, andou sobre as águas para ir ter com Jesus. Mas, sentindo o vento forte, teve medo; e, começando a ir para o fundo, clamou, dizendo: Senhor, salva-me. E logo Jesus, estendendo a mão, segurou-o e disse-lhe: Homem de pequena fé, por que duvidaste? E, quando subiram para o barco, acalmou o vento.
>
> Mateus 14:22-32

Pedro, vendo o Senhor andar sobre as águas, sentiu o desejo de realizar a mesma façanha, então ele disse: "Senhor, se és tu, manda-me ir ter contigo sobre as águas", e logo o Senhor lhe permitiu. Até então, ele tinha o que precisava, uma palavra de liberação e sabia que era a vontade do Senhor que ele andasse sobre as águas. Ao perceber que estava fazendo algo que não era normal, sentiu medo e começou a naufragar. Percebendo que algo estava errado, recorreu ao Mestre e Ele o segurou pelas mãos e fez com que Pedro terminasse a proeza.

Na maioria dos casos, quando algo sai errado, nos decepcionamos e por vezes até abandonamos nosso ministério. Na verdade, é aí que não devemos desistir ou desanimar, apenas temos que buscar as respostas em Deus, a fim de entender claramente o que ocorreu.

Outro fator importante para uma libertação é a vontade da pessoa envolvida. Tive experiências com algumas que levaram meses para serem libertas, pois era somente uma questão de querer. A primeira coisa que precisamos saber quando somos procurados por alguém é entender o que essa pessoa realmente está querendo. Às vezes quer apenas livrar-se de um problema, mas não da raiz dele.

Tive uma experiência com um senhor que certa vez me procurou e começou a frequentar nossas reuniões. Todas as vezes que orávamos, ele manifestava um demônio que nos dava um bom trabalho para ser expulso. Essa situação durou por um tempo considerável, até que certo dia fui conversar com ele e descobri que, apesar de ter sofrido severamente com os demônios, tinha orgulho do tempo em que ele servia aos espíritos. Contava com ânimo as proezas que fazia e como influenciava as pessoas com os poderes que aqueles demônios lhe davam. Ele não queria de fato ser liberto e por isso foi necessário um longo trabalho até aquele homem realmente se libertar daqueles espíritos imundos.

Havia ainda situações em que pessoas guardavam recordações que traziam do espiritismo em suas casas. Acompanhei a libertação de um homem que certa vez entrou em nossa igreja para me desafiar, tratava-se de um pai de santo. Alguém disse a ele que os demônios que ele servia caíam diante do poder de Deus em nossa igreja e em seguida eram expulsos. Aquele homem resolveu então nos desafiar e, quando se aproximou do altar, os demônios se manifestaram. Eles foram submetidos ao poder de Deus e expulsos daquele homem que aceitou a Cristo junto com toda a sua família.

Algum tempo depois, começaram algumas manifestações em sua casa, como objetos que começavam a andar e bonecos que desciam dos guarda-roupas. Fomos até o local e descobrimos que ele ainda possuía objetos que guardava da época em que praticava feitiçaria, tais como quadros, fotos e outros objetos de grande valor. Aquele homem, sem pensar duas vezes, jogou tudo fora e aquela situação foi resolvida definitivamente, porque envolveu a vontade própria e isso foi decisivo.

Tive ainda outra experiência no estado de Goiás, onde em uma de nossas campanhas uma senhora me procurou dizendo que seu filho tinha uma tendência ao suicídio e que não sabia mais o que fazer. Fui até o apartamento dela para orar e, quando entrei em sua sala, deparei-me com uma imagem de escultura de um determinado santo do catolicismo que era adorado por sua família. Disse-lhe então que aquilo era uma maldição em sua casa, e imediatamente ela retrucou dizendo que não iria se desfazer do objeto, pois tratava-se de uma relíquia que vinha da Espanha e que tinha um enorme valor sentimental. Mesmo assim oramos pelo rapaz, mas não logramos êxito, porque aquela senhora queria livrar-se de um problema, mas não de sua raiz. Infelizmente, pouco tempo depois, fiquei sabendo que aquele rapaz havia se atirado da janela do apartamento onde morava.

Outra situação ocorreu em uma cidade de Minas Gerais, quando, ao sair de uma rádio local onde acabara de participar de um programa, fui abordado por um menino que pediu para que eu fosse até sua casa, porque algo muito estranho estava acontecendo por lá. Disse-me que já haviam buscado recursos e que nada resolvia o problema. Fui então até aquela casa e, ao me aproximar, ouvi gritos de uma pessoa que dizia: "Este homem não pode entrar aqui", então prossegui, dizendo que estava autorizado pelo nome de Jesus. Ao entrar naquela casa, vi algumas pessoas que por lá estavam e em seguida entrei no quarto onde a mulher e seu marido estavam. Quando ele me viu, pediu que fizesse alguma coisa, pois não conseguia mais suportar aquela situação. Perguntei então se poderia orar, ele permitiu e eu comecei; no entanto, enquanto orava, aquele demônio começou a rir e a dizer que eu não poderia expulsá-lo daquela casa, pois era sua. Continuei orando, mas nada acontecia e naquele momento eu me senti muito frustrado, envergonhado e impotente, pois estava em oração e em jejum durante toda aquela semana.

Diante daquela situação, orei em espírito e perguntei ao Senhor o que estava acontecendo. Em dado momento, levantei meus olhos e vi no canto daquele quarto um vaso de flores, e por trás dele uma imagem. Fixei meus olhos nela e naquele momento aquele demônio se calou, parou de rir, e disse: "Ali você não toca, aquilo é meu". Aproximei-me do homem e disse que só poderia expulsá-lo caso tirasse aquela imagem dali, porém ele declarou que não tinha coragem. Como ele já estava cansado daquela situação, disse-me que faria qualquer coisa para ver sua esposa liberta. Então ele permitiu que eu a tirasse dali, porém, enquanto saía, o demônio rosnava e dizia que iria matar a todos nós. Assim que a destruí, perguntei: "E agora, demônio, você vai sair?". E ele respondeu: "Não posso mais ficar aqui". Antes de expulsá-lo, ordenei que pegasse toda sua bagagem e saísse daquela casa, pois ele tinha me dito que havia colocado uma doença nas crianças.

E assim houve de fato libertação, pois envolveu a vontade daquele pai de família de libertar sua casa, sendo que aquela imagem dava legalidade para aquele demônio permanecer na casa.

Mas que digo? Que o ídolo é alguma coisa? Ou que o sacrificado ao ídolo é alguma coisa? Antes, digo que as coisas que os gentios sacrificam, as sacrificam aos demônios e não a Deus. E não quero que sejais participantes com os demônios. Não podeis beber o cálice do Senhor e o cálice dos demônios; não podeis ser participantes da mesa do Senhor e da mesa dos demônios.

1 Coríntios 10:19-21

E ainda diz:

Os ídolos deles são prata e ouro, obra das mãos dos homens. Têm boca, mas não falam; têm olhos, mas não veem; têm ouvidos, mas não ouvem; nariz têm, mas não cheiram. Têm

> mãos, mas não apalpam; têm pés, mas não andam; nem som algum sai da sua garganta. Tornam-se semelhantes a eles os que os fazem e todos que neles confiam.
>
> Salmo 115:4-8

Também é muito importante que a pessoa renuncie a todos os vínculos que criou com os demônios e reconheça que tem um pacto com Cristo.

> E muitos dos que tinham crido vinham, confessando e publicando os seus feitos. Também muitos dos que seguiam artes mágicas trouxeram os seus livros e os queimaram na presença de todos, e, feita a conta do seu preço, acharam que montava a cinquenta mil peças de prata. Assim, a palavra do Senhor crescia poderosamente e prevalecia.
>
> Atos 19:18-20

A Palavra de Deus prevalecia, havia conversões e renúncias, as pessoas aceitavam a Jesus e destruíam qualquer coisa que poderia vinculá-las ao seu passado de ocultismo. Há pessoas que ficam possessas durante muito tempo e por isso perdem o poder de decisão, pois o diabo literalmente adoece as suas mentes de tal forma que não conseguem mais reagir. Para acelerar o processo de libertação, pode ser importante que a pessoa passe por um tratamento, ou até mesmo uma internação para que haja o acompanhamento de um profissional da área de saúde, mas o acompanhamento espiritual deve ser intenso até que a pessoa realmente esteja liberta.

É imperativo que a pessoa aceite a Cristo como seu salvador pessoal e, se houver reincidência da manifestação após o trabalho de libertação, é necessário que a pessoa passe por uma avaliação espiritual mais profunda, porque em vários casos alguns sentimentos enraizados, como uma amargura, que leva à falta de perdão, pensamentos ou atitudes podem estar dando legalidade para os demônios agirem.

> *Quando o espírito imundo tem saído do homem, anda por lugares secos, buscando repouso; e, não o achando, diz: Tornarei para minha casa, de onde saí. E, chegando, acha-a varrida e adornada. Então, vai e leva consigo outros sete espíritos piores do que ele; e, entrando, habitam ali; e o último estado desse homem é pior do que o primeiro.*
>
> Lucas 11:24-26

É necessário que a pessoa feche as brechas, e que não somente limpe a casa, mas que a transforme em uma nova casa.

Todos nós temos uma personalidade que recebemos quando nascemos, e isso faz de nós indivíduos. A personalidade nos diferencia uns dos outros, porém o caráter tem que ser muito bem formado, pois pode ser mudado. Quando renascemos nos tornamos novas criaturas no Espírito, mas a nossa alma deve ser transformada através da obediência à verdade.

> *E não vos conformeis com este mundo, mas transformai-vos pela renovação do vosso entendimento, para que experimenteis qual seja a boa, agradável e perfeita vontade de Deus.*
>
> Romanos 12:2

Há também outra situação pela qual às vezes não logramos êxito em nossa tentativa de libertar uma pessoa das garras do inimigo. Embora recebamos poder sobre os espíritos malignos e enfermidades, temos de levar em consideração que toda pessoa é livre para fazer uma escolha, portanto devemos orar e deixar que Deus faça a Sua obra, pois a nossa parte é pregar e expulsar os demônios, mas o convencimento pessoal vem apenas pelo poder do Espírito Santo.

Vi muitas mães orarem por seus filhos e posteriormente os virem morrer nas drogas, casamentos que foram destruídos e outras situações em que na maioria das vezes não havia negligência, e sim uma intensa oração com busca e intervenção divina. Deus falou, criou situações para que a pessoa entendesse o Seu propósito, mas a pessoa fez sua própria escolha, colhendo então os frutos dela. Nesses casos nos resta apenas lamentar, afinal nós estamos em uma batalha, trata-se de uma guerra que o mundo não vê.

Em meu ministério aconselhei crentes, obreiros, pastores e pessoas que não negavam sua frustração diante de tentativas de livrar seus filhos da desgraça em iminência originada pelas drogas, prostituição e más companhias. Vi pais em lágrimas desabafarem e dizerem que fizeram de tudo, que não faltou carinho e nem atenção, que deram conselhos diários, e mesmo assim não houve respostas aos apelos. O pior de tudo é que vem a sensação de culpa e de incapacidade diante do problema, sem contar com a constante acusação do diabo e daqueles que convivem com ele.

Na maioria das vezes eu citava uma história da Bíblia bem conhecida, em que um pai havia dado a seus filhos tudo de que precisavam, cercando-os de bens, além de também ter entregado a eles o domínio sobre todas as coisas e que os visitava todos os dias ao virar da tarde. Contudo, decidiram desobedecer a ele e trouxeram desgraça e maldição sobre sua herança.

> *E formou o Senhor Deus o homem do pó da terra e soprou em seus narizes o fôlego da vida; e o homem foi feito alma vivente. E plantou o Senhor Deus um jardim no Éden, da banda do Oriente, e pôs ali o homem que tinha formado. E o Senhor Deus fez brotar da terra toda árvore agradável à vista e boa para comida, e a árvore da vida no meio do jardim, e a árvore da ciência do bem e do mal. E saía um rio do Éden para regar o jardim; e dali se dividia e se tornava em quatro braços. O nome do primeiro é Pisom; este é o que rodeia toda a terra de Havilá, onde há ouro. E o ouro dessa terra é bom; ali há o bdélio e a pedra sardônica. E o nome do segundo rio*

é Giom; este é o que rodeia toda a terra de Cuxe. E o nome do terceiro rio é Hidéquel; este é o que vai para a banda do oriente da Assíria; e o quarto rio é o Eufrates. E tomou o Senhor Deus o homem e o pôs no jardim do Éden para o lavrar e o guardar. E ordenou o Senhor Deus ao homem, dizendo: De toda árvore do jardim comerás livremente, mas da árvore da ciência do bem e do mal, dela não comerás; porque, no dia em que dela comeres, certamente morrerás. E disse o Senhor Deus: Não é bom que o homem esteja só; far-lhe-ei uma adjutora que esteja como diante dele. Havendo, pois, o Senhor Deus formado da terra todo animal do campo e toda ave dos céus, os trouxe a Adão, para este ver como lhes chamaria; e tudo o que Adão chamou a toda a alma vivente, isso foi o seu nome. E Adão pôs os nomes a todo o gado, e às aves dos céus, e a todo animal do campo; mas para o homem não se achava adjutora que estivesse como diante dele. Então, o Senhor Deus fez cair um sono pesado sobre Adão, e este adormeceu; e tomou uma das suas costelas e cerrou a carne em seu lugar. E da costela que o Senhor Deus tomou do homem formou uma mulher; e trouxe--a a Adão. E disse Adão: Esta é agora osso dos meus ossos e carne da minha carne; esta será chamada varoa, porquanto do varão foi tomada. Portanto, deixará o varão o seu pai e a sua mãe e apegar-se-á à sua mulher, e serão ambos uma carne. E ambos estavam nus, o homem e a sua mulher; e não se envergonhavam.

Gênesis 2:7-25

Não havia motivo para Adão e Eva desobedecerem a Deus, mas usaram seu livre arbítrio para tomar essa decisão. Esse fato aconteceu com o Criador de todas as coisas. Se com Ele aconteceu, por que não pode acontecer com qualquer um de nós? Deus não colocou Adão e Eva no jardim para pecarem, mas sabia que havia a probabilidade de isso acontecer, e antes de criar o homem Ele criou o antídoto para o pecado. Por isso a Bíblia diz:

> Pai, aqueles que me deste quero que, onde eu estiver, também eles estejam comigo, para que vejam a minha glória que me deste; porque tu me hás amado antes da criação do mundo.
> João 17:24

Preparamo-nos apenas para as boas coisas da vida, e nenhum pai coloca um filho no mundo para ser um drogado, assassino, prostituta ou ladrão. Nós os colocamos no mundo para serem cidadãos de bem, mas devemos saber que existe a probabilidade de algo sair errado. Deus sabia que algo poderia sair errado com relação aos planos que tinha para Adão e Eva. Ele os colocou no mundo para ser Deus sobre eles, no entanto era necessário que o homem se submetesse de forma voluntária à Sua vontade. Quando algo saiu errado, fora do que havia ordenado, o Senhor tratou a situação com responsabilidade, os puniu com veemência, mas nunca desistiu deles. Reconheceu que Sua criatura havia pecado, e por isso Jesus veio, sofreu morte de cruz, esvaziando-se de Sua glória, fazendo-se servo, sendo humilhado e tendo sofrido muito para nos salvar.

Certo dia eu estava em um estabelecimento comercial da minha cidade e não pude deixar de observar o comentário de um senhor. Eles estavam comentando sobre a atual situação da juventude, como drogas, prostituição, rebeldia e coisas do tipo. Na conversa, ouvi o senhor dizer: "Agora inventaram a melhor droga que já existiu, porque ela mata em apenas seis meses!". Olhei para aquele senhor e pensei que ele não deveria ter filhos para dizer aquilo.

Satanás tem conseguido paralisar muitos pais criando sentimentos de incapacidade e frustração. Os pais devem concentrar-se em oração, pois são batalhas que podem resultar em grandes vitórias. Temos que nos conscientizar de que estamos em uma guerra de longa duração, só assim veremos dezenas de pessoas sendo libertas. No entanto, também veremos algumas seguirem o caminho da rebeldia e serem ceifadas diante de nós sem que possamos fazer absolutamente nada, afinal foi Jesus quem disse:

> *O ladrão não vem senão a roubar, matar e a destruir; eu vim para que tenham vida e a tenham com abundância.*
>
> João 10:10

Jesus tinha doze ao seu lado, mas um deles o traiu, e seguiu o caminho da perdição, exercendo dessa forma o livre-arbítrio. Mas qual é a nossa parte? É ter certeza de que fizemos todas as tentativas, que esgotamos todos os recursos disponíveis e que continuaremos na batalha até o fim, pois estamos certos de nossa recompensa.

18

O QUE É FÉ? COMO FUNCIONA? QUEM A POSSUI? POR QUE É MAIS FÁCIL SE ENVOLVER COM O MUNDO DO OCULTISMO? E POR QUE OS DEMÔNIOS SE MANIFESTAM?

Quero neste capítulo tratar de um assunto que tem permeado a mente de muitos cristãos e ímpios, trazendo dúvidas e controvérsias. Tem sido muito difícil para as pessoas viverem realmente pela fé, por uma razão muito simples: elas não sabem o que é fé, nem ao menos como ela funciona, apesar de ser um item fundamental na vida de um cristão, pois a própria palavra diz:

> Mas o justo viverá da fé; e, se ele recuar, a minha alma não tem prazer nele.
>
> Hebreus 10:38

Não sabemos muito a respeito da fé, nem como ela opera e nem as grandezas da sua virtude, na verdade por muitos anos alguns pregadores tentaram ensinar as pessoas a andar pela fé. Muitos realizam cursos ensinando as pessoas a ter fé, mas cada vez que ouvimos um estudo sobre o assunto ficamos ainda mais confusos, assim como ocorre com assuntos sobre os dons espirituais.

Não pretendo discorrer sobre todos os assuntos, mas tentar colocar um pouco de luz em seu coração, para que você entenda o que é fé, como ela funciona e quem são as pessoas que a têm e vivem por ela. Participei de estudos em que as pessoas davam treinamentos sobre o tema, em que segundo eles a fé deveria ser exercitada da seguinte maneira: Quando você sustenta um objeto no ar pelas mãos, sabe que, se largá-lo, ele vai cair, e isso é fé, ou quando você aperta o interruptor de luz você está exercitando a sua fé, pois crê que ela acenderá. Quando você se senta sobre um banco, crê que ele vai suportar seu peso. Mas será que você está exercitando sua fé? Ou ainda, você quer falar em línguas? Então comece a falar aleluia, aleluia, aleluia, e aos poucos vai enrolando sua língua até sair um palavreado que ninguém entende e neste momento você falará em línguas estranhas. Pode até ser estranha, mas não tem nada a ver com o batismo do Espírito Santo.

Então o que é fé? Quando Deus fez o homem à Sua imagem e semelhança, Ele colocou nele seis sentidos naturais. Cinco sentidos do corpo: tato, olfato, paladar, visão e audição. Um sentido da alma: nosso intelecto, que envolve sentimentos como vontade, inteligência, determinação, frustração e o poder de acreditar, que também é chamado de poder de crer. Estes são sentidos naturais, nós os recebemos quando nascemos e os desenvolvemos à medida que crescemos.

Todas as vezes que usamos um desses sentidos, não estamos exercitando nossa fé, pois estamos nos movendo no campo natural. Era com esses sentidos que Adão se comunicava com Deus.

> E ouviram a voz do Senhor Deus, que passeava no jardim pela viração do dia; e escondeu-se Adão e sua mulher da presença do Senhor Deus, entre as árvores do jardim. E chamou o Senhor Deus a Adão e disse-lhe: Onde estás? E ele disse: Ouvi a tua voz soar no jardim, e temi, porque estava nu, e escondi-me.
>
> Gênesis 3:8-10

Quando Satanás entrou no jardim, ele precisava usar um corpo físico, porque estava em outra dimensão, não podia comunicar-se com o homem, pois o homem só possuía os sentidos naturais. Com a queda do homem, o direito legal de domínio foi transferido para Satanás e a partir de então o Senhor não mais visitava o homem como antes.

Deus então colocou no homem um sétimo sentido, um sentido espiritual chamado de fé, o qual Adão não possuía, porque não precisava dela para se comunicar com o Criador. O seu diálogo com Deus era muito próximo, como nos revela a Bíblia ao dizer que no final das tardes o Senhor os visitava para conversar. Se eu fosse até sua casa, não precisaria de fé para falar com alguém, pois simplesmente estaria lá. A Bíblia nos revela duas situações bem claras a respeito da fé. A primeira delas é que a fé não é um produto humano:

> *Porque pela graça sois salvos, por meio da fé; e isso não vem de vós; é dom de Deus.*
>
> Efésios 2:8

O que não vem de nós? A fé. Como a recebemos? Usando um sentido natural!

> *De sorte que a fé é pelo ouvir, e o ouvir pela palavra de Deus.*
>
> Romanos 10:17

Essa qualidade é implantada no indivíduo quando ele ouve a palavra usando um sentido natural do corpo, a sua audição. Em seguida é afetado no sentido da alma:

> *E disse-lhes: Ide por todo o mundo, pregai o evangelho a toda criatura. Quem crer e for batizado será salvo; mas quem não crer será condenado.*
>
> Marcos 16:15-16

O que a Bíblia está dizendo é que a fé é implantada em nós quando nos dispomos a ouvir e crer na Palavra. Entendemos então que a fé não é um produto natural, ela é inserida no coração do homem quando ele se converte ao nome de Jesus, sendo impossível tê-la quando não aceitamos Sua Palavra. Uma pessoa pode ter o poder de acreditar em algo, alcançando grandes vitórias em sua vida, mas isso não tem nada a ver com fé. Como na famosa frase "Eu creio que Deus naquele dia dará um jeito!". Sabe por que dizem isso? Porque a sua crença não está baseada na Palavra de Deus. É apenas uma suposição da mente humana, por reconhecer a necessidade de ser salvo, mas o que a Bíblia deixa bem claro é que esse pensamento não produz salvação, caso não haja aceitação da palavra.

E como a fé funciona? Se nós a recebemos ouvindo e crendo na Palavra, então a fé só funciona em conjunto com a Palavra de Deus, foi por isto que Jesus disse:

> *Se vós estiverdes em mim, e as minhas palavras estiverem em vós, pedireis tudo o que quiserdes, e vos será feito.*
>
> João 15:7

A fé que vem de Deus vem por ouvir a Sua Palavra, ou seja, só funciona quando conectada aos textos bíblicos.

Quero agora usar um exemplo que você provavelmente já deve ter ouvido, mas que talvez nunca tenha conseguido entender. Comumente nos cursos sobre fé, ouvimos falar sobre o exemplo de funcionamento de uma lâmpada.

Para que ela funcione, é necessária a presença de dois polos, positivo e negativo, e, apesar de ser algo do campo natural, também faz bastante sentido no campo espiritual. Na verdade nunca entendemos com clareza o que isso significa, mas sabemos que para a lâmpada funcionar precisamos das duas condições físicas, porque uma não funciona sem a outra.

Assim também a fé, se não tiver as obras, é morta em si mesma.
Tiago 2:17

Deus nos promete salvação, mas para que ela ocorra é preciso submeter-nos à Palavra, no tocante ao ato de crer e ser batizado. Quer ser batizado com o Espírito Santo? Não basta apenas desejar e repetir algumas palavras até elas parecerem estranhas. É necessário submeter-se à Palavra de Deus. Quer ser próspero? Não basta apenas desejar e repetir todos os dias que é abençoado, nem dizer que o Deus de Abraão é o seu Deus. Temos na verdade que estar dispostos a obedecer a Deus como Abraão obedeceu.

Tudo é nosso por direito legal, mas como podemos nos apossar disso? Nos submetendo à Palavra de Deus! Há duas coisas que podem fazer com que a sua fé fique inoperante, e uma delas já falamos, a desobediência. Muitos cristãos correm atrás de profetas para saber o que o Senhor tem para eles. Mas, quando se fala em estudar a Palavra, a maioria não aparece. Por quê? Porque queremos saber o que o Senhor tem para nós, mas não queremos saber o que nós precisamos fazer para que a promessa se cumpra em nossa vida. É por isso que o Senhor diz em sua palavra:

> O meu povo foi destruído, porque lhe faltou o conhecimento.
>
> Oseias 4:6a

Precisamos saber e entender o que a Palavra nos diz. Sem fé é impossível agradar a Deus, e é por isso que Satanás para se comunicar com o homem precisa usar alguém que esteja na esfera natural, o próprio homem. Pelo fato de estar em uma dimensão diferente do homem, precisa materializar-se, porque o sentido da fé é algo restritamente reservado para os filhos de Deus. Como Satanás se manifesta e se comunica no campo natural, sem dúvida fica mais fácil influenciar as pessoas, porque o ser humano acredita no que vê. É por isso que o Senhor nos dotou também com capacidades sobrenaturais que trazem manifestações no campo natural, como: os dons de curar e a operação de maravilhas e profecias, para que os segredos dos corações sejam manifestos com o propósito de ganharmos almas e edificarmos a Igreja do Senhor.

19
ERROS QUE SÃO FATAIS

C ometemos erros que podem ser fatais, e um deles é a desobediência. Quando queremos obedecer a Deus? Quando encontramos uma lógica para aquilo que Ele nos pede. Falamos que vivemos pela fé, principalmente quando conseguimos enxergar as possibilidades de realizações e percebemos que temos o controle da situação. Quero falar um pouco sobre isso.

Certa vez, ouvi uma história de um moço bem jovem que vivia em uma pequena cidade da região dos Alpes Suíços. Era um jovem visionário e ambicioso, não queria ficar limitado apenas ao vilarejo onde vivia. Como os recursos daquele lugar eram poucos, resolveu então realizar um feito que o colocaria na galeria da fama. Decidiu escalar uma das mais altas montanhas daquele lugar.

Antes de realizar a façanha, aquele moço teve treinamentos intensivos, pois conhecia os riscos. Ele então comprou os melhores equipamentos e anunciou sua façanha para que fosse divulgada na mídia, para que tivesse uma grande repercussão e o levasse ao mundo da fama.

Estava tudo pronto para o grande dia, o material tinha sido checado com cuidado, assim como a provisão de alimento e tudo mais. A pequena cidade foi invadida por repórteres e curiosos que estavam ali para testemunhar a proeza. Logo cedo o jovem se dirigiu a uma das mais altas montanhas e começou sua escalada, passou o dia inteiro escalando, parecia que tudo correria muito bem. Começou a entardecer e em seguida anoiteceu, as pessoas se afastavam do local pelo frio congelante e pelo horário avançado. Ali estava aquele moço, só e na escuridão, a vários metros de altura. O medo era inevitável, mas a vontade de ser reconhecido e de se projetar no mundo da fama era maior. Em dado momento da madrugada, o moço percebe que algo estava errado, o frio era intenso; então procurou uma posição melhor para dormir, quando um estalo muito forte foi ouvido – era sua corda de segurança que havia se rompido. Caiu por alguns metros e instantes depois escutou outro estalo, quando começou a despencar mais ainda. Então pensou que seria seu fim.

Inesperadamente houve um solavanco, pois tinha ficado pendurado por suas cordas em algum local da montanha. Tinha deixado sua mochila de suprimentos lá nas alturas da montanha, e naquele momento estava sozinho na escuridão intensa. O frio era castigador. Seria o seu fim. Pensou em gritar por socorro, mas sabia que ninguém o ouviria naquele local, pensou também em pedir ajuda a Deus, mas nunca acreditou que Deus existisse. A essa altura tentar não custaria nada, pensou ele. Começou então a falar: "Deus, se o Senhor existe mesmo então me ajude!". Os sussurros se tornaram gritos de desespero. "Deus, se o Senhor existe por que não me ajuda?" Por algum tempo houve um breve silêncio, quando inesperadamente uma voz suave sussurrou em seus ouvidos lhe dizendo: "Corte a corda!". E ele imediatamente respondeu: "Cortar a corda? Isso é loucura! Cortar a corda seria suicídio!". Decidiu então esperar amanhecer o dia. O frio da madrugada começou a entrar em seus ossos, aos poucos começou a agonizar, e ali mesmo aquele jovem morreu congelado. No outro dia, os curiosos foram ver como estava o andamento da aventura do jovem rapaz, e para a surpresa de todos, ali estava o jovem morto pendurado a apenas dois metros do chão.

Esse é o nosso problema, até buscamos a Deus em nossos momentos de aflição, mas quando o Senhor fala achamos tudo muito absurdo. Deus tem falado conosco através da Sua Palavra, mas não temos obedecido. Queremos o milagre, mas não nos preocupamos em obedecer e nos posicionar para que de fato ele aconteça. Tenho me deparado com muitas pessoas que vivem uma verdadeira vida de miséria e derrota por não ouvirem a voz do Senhor.

Tive uma experiência numa das cruzadas que realizei no estado do Paraná, em que um jovem rapaz me procurou em desespero. Contou-me que sua vida estava um caos, pois estava perdendo tudo, falou que era dono de uma pequena empresa e que estava à beira de perder sua casa, e que não sabia mais o que fazer. Foi orientado por um amigo para que participasse da nossa cruzada e pedisse oração.

Conversei com ele após o culto, disse que oração não resolveria seu problema e que seria necessário que tomasse uma posição. Então o orientei a procurar uma igreja em sua cidade e se tornar um fiel dizimista, mas, quando disse isso, seu semblante caiu, ele me agradeceu e então foi embora. Algum tempo depois me encontrei com aquele rapaz e ele relatou que foi embora muito aborrecido porque estava em uma situação financeira muito difícil e que precisaria de ajuda, mas, em vez de ajudá-lo, eu o mandei dizimar. Ele falou que relutou por um tempo e num dia, quando a situação já tinha tomado proporções insustentáveis, resolveu então atender ao conselho. Procurou logo uma igreja e começou a dizimar, e para sua surpresa, em pouco tempo havia sido restabelecida sua vida financeira, tendo obtido de volta tudo o que havia perdido. E qual foi o segredo? Obediência à Palavra!

Conheci também um homem que começou a frequentar nossa igreja e depois de algum tempo me convidou para ir até sua casa para uma oração específica. Chegando lá, fiquei muito surpreso ao entrar na casa e encontrar sua esposa, duas filhas adolescentes, e uma criança de uns seis meses. Havia um cobertor estendido no chão, sobre ele dois pequenos tijolos e uma lata de óleo aberta que funcionava como o tampo do seu fogão improvisado. O meu primeiro impulso foi de ir ao mercado comprar algumas coisas e dar para aquela família, mas algo diferente começou a acontecer em meu coração, tendo o Senhor me orientado a levar aquele homem a semear algo para Deus. A princípio fiquei muito relutante, pois vendo aquela situação de total miséria pensei como poderia pedir que aquele homem plantasse algum valor na casa do Senhor. Resolvi então obedecer à voz interior e disse ao homem que minha vontade era ajudá-lo, mas a vontade do Senhor era que ele semeasse algo para o reino de Deus. Aquele homem olhou para mim de forma perplexa e então disse: "Semear? O senhor está vendo o que eu tenho!". Respondi que sim, então perguntei se não havia algo que estimasse muito, pois o Senhor queria que entregasse a Ele. Naquele momento ele falou que tinha um relógio de pulso, que era tudo de valor que possuía. Então perguntei se ele o daria ao Senhor e ele pensou um pouco, tirou o relógio do braço e me entregou. Então pedi à sua esposa que fizesse uma lista de tudo que estavam precisando dentro de casa e ela colocou apenas duas ou três coisinhas, então disse que estava falando de eletrodomésticos e móveis em geral e tudo o que estivessem precisando.

Assim foi feito, e então orei ao Senhor dizendo que ainda naquela semana queria contemplar o milagre naquela casa e para a glória de Deus naquela mesma semana o céu se abriu sobre aquela casa e todas as necessidades foram supridas. Novamente, o que aconteceu ali? Obediência! Como quando cinco pães e dois peixinhos alimentaram uma multidão e quando Elias pediu o último bocado de farinha e o pouco de azeite que restava. Na ocasião o homem de Deus foi alimentado e o resultado foi uma vida de abastança.

Ainda morando no estado do Paraná viajei para São Paulo com toda a minha família. Chegando lá, fiz uma campanha em uma igreja local, mas as ofertas não supriram as despesas da viagem. Lembro-me de que tinha sessenta reais no bolso e de ficar pensando sobre o que fazer diante daquela situação. Chovia muito, chamei minha filha Michele e disse que sairíamos um pouco, contei a ela o problema e disse que iríamos semear.

Entrei em uma igreja localizada no bairro do Jaçanã, onde havia um grupo de jovens orando. Perguntei pelo pastor e eles me informaram que estava ao lado em uma pequena sala. Quando o encontrei, me perguntou se eu estava querendo uma oração, então disse que não, apenas queria entregar uma oferta. Entreguei aquele dinheiro e orei ao Senhor dizendo que a partir daquele momento estava dependendo exclusivamente dEle. Seguimos para a casa da minha irmã, onde estávamos hospedados, a fim de arrumarmos as coisas para viajar no dia seguinte. Quando tudo estava pronto, entrou uma irmã dizendo: "Pastor, como foi bom te encontrar! Eu estava mesmo precisando falar com o irmão. Tenho uma oferta que estava guardando há muito tempo para o senhor!". E mais uma vez, para a glória do nosso Deus, as nossas necessidades foram supridas. O fato de não ficarmos apenas orando foi decisivo para a resposta do Senhor.

Há momentos em que nós sabemos o que devemos fazer, porque há leis espirituais que devem ser obedecidas, passamos por provação muitas vezes e isso faz parte da vida de um crente. Sempre fiz a obra de Deus pela fé, sou um missionário que nunca pregou para grandes multidões e que nunca olhou para o tamanho da igreja. Prego em congregações com quinhentos ou mil membros, mas também prego em igrejas com dez, quinze ou vinte pessoas e nunca rejeitei um convite, a não ser por falta de espaço em minha agenda. Por isso aprendi como estar bem em todas as situações.

Certa vez o Senhor me colocou à prova, pois estava em grande dificuldade financeira e fui convidado a pregar em uma igreja no estado do Mato Grosso, onde o Senhor realizou muitos milagres. Eu já havia conversado com o pastor local e dito que estava em dificuldades e, em uma das noites, entrou um homem muito bem-vestido, acompanhado de uma moça. Quando oramos, aquele homem foi impactado pelo poder do Senhor, ficando estirado à frente do púlpito por uns quinze minutos. Quando se levantou, dirigiu-se àquela moça e ambos se abraçaram e choraram muito. Perguntei o que havia acontecido, e a jovem, que era filha daquele homem, disse-me que seu pai tinha sido alvejado por um disparo de arma de fogo que destruiu totalmente a estrutura de uma de suas pernas, musculatura e estrutura óssea, mas que naquela noite o Senhor havia tocado em sua perna e a restaurado completamente. No final do culto, o pastor me disse que aquele senhor era o homem mais rico da cidade, dono de várias empresas. Confesso que fiquei ansioso, pois ele havia pedido um envelope e dito que ajudaria em meu ministério.

O pastor local disse-me para ter certeza de que não faltaria mais nada. Mas qual não foi a surpresa na noite seguinte? Aquele homem subiu ao altar e colocou o envelope sobre o púlpito, então a ansiedade tomou conta de mim, porém ao abrir aquele envelope fiquei mais surpreso ainda, pois continha apenas uma nota de um real! Então disse: "Senhor, o que é isto?". Foi como se aquele homem tivesse a obrigação de me dar alguma coisa. Contei para o pastor, que ficou pasmo, mas não sei se acreditou.

O tempo passou e o Senhor me fez entender que é Ele quem supre todas as nossas necessidades, e para isso basta apenas que Lhe obedeçamos, como Jesus fez. Encontro muitas pessoas que dizem crer em Deus, mas que não conseguem obedecer a Ele, e quando falamos em dízimo logo se irritam. Começam a falar que o dízimo é coisa da lei e que ele está vivendo a graça, no entanto digo a eles que Abraão viveu em um tempo anterior ao da lei e dava o dízimo de tudo.

No Novo Testamento temos confirmações de que o dízimo é uma demonstração de fidelidade.

No mundo natural, seu dízimo pode no máximo representar o pagamento de uma conta de água ou de luz, mas no mundo espiritual é a muralha que protege sua casa, o que te livra do devorador e a chave que abre as janelas do céu. O dízimo é uma demonstração de compromisso com o Senhor, ele é o combustível que move a obra de Deus nesta Terra. Ser cristão não é apenas ser alguém que crê que Cristo morreu na cruz para nos salvar, mas é ser alguém que tem um profundo compromisso com a Palavra de Deus.

Adorar a Deus não significa apenas demonstrar admiração, mas sim estar comprometido com a obra de tal forma que os interesses de Deus passem a ser nossos também. Muitas batalhas são perdidas por falta de obediência, famílias são destruídas porque os princípios bíblicos são excluídos do seio familiar. O mundo de hoje prega a liberdade e o individualismo, cada um faz o que quer, os princípios de autoridade estão sendo feridos, os filhos pensam que os pais são ultrapassados e que suas ideias não cabem mais neste mundo moderno. Diante desse quadro, temos um índice de drogados cada vez maior, assim como o número de mães solteiras crescendo a cada dia, além de mulheres que buscam direitos iguais, mas confundem as coisas. Temos direitos iguais? É claro que temos, nossos direitos são iguais, mas nossos deveres são diferentes.

É grande a quantidade de filhos que já não encontram mais referenciais de conduta dentro de casa. Maridos que não amam suas esposas e têm suas orações interrompidas. Por isso a Bíblia nos diz:

> *Igualmente vós, maridos, coabitai com ela com entendimento, dando honra à mulher, como vaso mais fraco; como sendo vós os seus coerdeiros da graça da vida; para que não sejam impedidas as vossas orações.*
>
> 1 Pedro 3:7

Isso se reflete de forma negativa em nossa sociedade. Constantemente afirmamos que vivemos em um mundo moderno e que as coisas estão mudando, excluindo princípios bíblicos da nossa educação, e é por isso que vemos "gadarenos" perambulando pelas ruas das nossas cidades, dentro de nossas casas – porque a modernidade diz que são problemas psicológicos. Isso é um problema social! É falta de orientação.

O tempo tem passado e não percebemos que a cada dia estamos fugindo dos padrões divinos. Por isso, vemos tantas pessoas perturbadas, não conseguimos expulsar seus demônios, nem queremos gastar tempo ensinando a elas princípios bíblicos e éticos. Então criam cadeias com padrões morais, levando-as ao psicólogo, colocando-as em escolas diferentes, vigiando suas vidas mais de perto. Mas aos poucos as cadeias sociais, morais e outras vão se quebrando e se desfazendo em pedaços.

Existe uma guerra que precisa ser vencida primeiro no mundo espiritual, mas como a venceremos se não estamos dispostos a obedecer e não buscamos legitimidade em Deus para guerrear? A mesma situação se repete dentro de nossas igrejas, quando vemos membros se rebelando, não obedecendo a sua liderança. Há um princípio de autoridade estabelecido por Deus que precisa ser obedecido para que sejamos verdadeiros filhos e herdeiros do reino do Senhor.

Minha oração ao Deus todo poderoso é que Ele desperte em cada um dos leitores um desejo profundo de buscá-lo e adorá-lo como Senhor criador de todas as coisas e detentor de toda a verdade, digno de ser obedecido para que a plenitude de Cristo se manifeste em nós e para que em meio às guerras espirituais cada um de nós possa estar cheio da plenitude de Deus.

Vós sereis meus amigos, se fizerdes o que eu vos mando.

João 15:14

Se vós estiverdes em mim, e as minhas palavras estiverem em vós, pedireis tudo o que quiserdes, e vos será feito.

João 15:7

E conhecer o amor de Cristo, que excede todo o entendimento, para que sejais cheios de toda a plenitude de Deus.

Efésios 3:19

Compartilhando propósitos e conectando pessoas
Visite nosso site e fique por dentro dos nossos lançamentos:
www.novoseculo.com.br

- facebook/novoseculoeditora
- @novoseculoeditora
- @NovoSeculo
- novo século editora

gruponovoseculo.com.br

1ª edição xxxx 2023
Fonte: Minion Pro